Iafrancesco Villegas, Giovanni Marcello
       Acreditación de los Centros Educativos: Autoevaluación y autoregulación /
Giovanni M. Iafrancesco V. — Bogotá: Cooperativa Editorial Magisterio, 2004.
       164 p. : il. ; 24 cm. — (Colección Escuela Transformadora)
       1. Centros educativos– Acreditación 2. Autoevaluación educativa
3. Acreditación (Educación) I. Tít. II. Serie
371.26 cd 19 ed.
AHX2536
             CEP-Banco de la República-Biblioteca Luis-Angel Arango

ACREDITACIÓN DE LOS CENTROS EDUCATIVOS

Autoevaluación y autorregulación

Giovanni M. Iafrancesco V.

ACREDITACIÓN DE LOS CENTROS EDUCATIVOS.
Autoevaluación y autorregulación

© **Autor**   GIOVANNI M. IAFRANCESCO V.

Libro ISBN: 978-958-20-0776-8

Primera edición: Año 2004.

© *COOPERATIVA EDITORIAL MAGISTERIO*   Diag. 36 Bis No. 20-70 La Soledad
Celular: (+57) 312 4354489
Bogotá, D.C. Colombia.
www.magisterio.com.co
info@magisterio.com.co

Dirección General   ALFREDO AYARZA BASTIDAS

Impresión:

En honor al Todopoderoso.

*Dedicado a mi esposa Lucy y a mi hijo Giancarlo,
quienes inspiran mi trabajo cotidiano y soportan mis ausencias.*

*Dedicado a los miembros de la
Junta Directiva del Consejo Académico y del
Consejo de Coordinación del Gimnasio Los Andes,
en reconocimiento a su apoyo en la construcción
de un PEI transformador.*

*A mis colegas educadores fundadores de
la Academia Colombiana de Pedagogía y Educación
con quienes comparto, cada semana, los sueños y
calamidades de un sistema educativo rico en ideas y proyectos,
pero pobre en políticas, recursos y apoyos estatales.*

CONTENIDO

PRESENTACIÓN

Acreditar a los centros educativos es una urgencia en los países latinoamericanos. Para ello es necesario iniciar un proceso de autoevaluacion de sus PEI, de sus modelos pedagógicos, de su estilo educativo particular y de la forma como su currículo y la operacionalización del mismo se desarrolla y de la pertinencia académica y social que éste tiene, como también de la forma como se administra la institución, el Proyecto Educativo Institucional y el currículo.

En este libro pretendo contextualizar esta propuesta de acreditación de los centros educativos como un camino abierto a seguir, desde la reflexión y la práctica, buscando la calidad de las instituciones y la cualificación de aquellas que puedan tener problemas para acreditarse.

En este libro no tengo en cuenta ninguno de los criterios establecidos para la acreditación de las universidades o de sus programas académicos, pues no los comparto, ya que estos solo atinan a buscar evaluar infraestructuras locativas, recursos, contratos y convenios sin hacer el debido énfasis en los proyectos educativos y pedagógicos, desde los cuales se construye la escuela y desde los cuales se le da sentido, significado y estructura.

Por tal motivo, en este libro pretendo, desde la perspectiva de una educación, una escuela y un pedagogía transformadora (mi propuesta personal) presentar la forma de estructuración de los Proyectos Educativos Institucionales PEI, de los currículos y de la administración y lo hago en once capítulos.

En el primer capítulo se presenta a la investigación evaluativa como una forma de asumir, en proceso, la autoevaluación y la acreditación de los centros educativos. Se contextualiza, explican y fundamentan los distintos tipos y modelos evaluativos; entre ellos, las evaluaciones: intermedia, terminal, diagnóstica, formativa, sumativa, interna, externa, de procesos, de impacto, institucional, de programas, participativa, analítica, global, referencial, focalizada e iluminativa.

En el segundo capítulo se sugieren los elementos básicos para la organización de un Proyecto Educativo Institucional y la estructura básica que permite consolidarlo. Desde esta organización y estructura se proponen los criterios e indicadores para evaluar su operacionalización y su dinámica.

En el tercer capítulo se caracteriza a los centros educativos desde la perspectiva de los proyectos culturales que deben ser asumidos por la educación formal y, a la luz de estas características, se proponen los criterios y preguntas evaluativas para permitir verificar si en realidad están acreditados o no.

En el cuarto capítulo se contextualiza a los centros educativos desde la perspectiva de la personalización y la educación individualizada que estos deben ofrecer y se proponen los criterios, indicadores y preguntas claves para poder evaluarlos y buscar su acreditación.

En el quinto capítulo se hace una propuesta de gestión macro-curricular y desde ella se establecen los indicadores para evaluar su estructura, funcionamiento, desarrollo y practicidad.

En el sexto capítulo se proponen indicadores para la evaluación de las características que debe tener un currículo contemporáneo y, desde un nuevo concepto de currículo transformador, se proponen los factores que componen el currículo y la forma para evaluarlo y acreditarlo.

En el séptimo capítulo se hace una propuesta de gestión micro-curricular, se contextualiza en las tendencias curriculares y se presenta una estrategia de diseño curricular. A la luz de ésta se establecen criterios para la evaluación micro-curricular, entre ellos: el enfoque, el contexto, la justificación, los objetivos, los perfiles, el plan de estudios, la organización de las áreas y las asignaturas, las actividades de aula y extra-aula, las metodologías, los recursos, la misma evaluación, los proyectos de investigación, los programas de extensión y los planes de perfeccionamiento de la docencia.

En el octavo capítulo se hace un estudio de los tipos de adminis-tración de los centros educativos, se clasifican según su gestión y se proponen las preguntas claves a contestar para evaluar la pertinencia de estos modelos de administración y su repercusión en la consolidación de los Proyectos Educativos Institucionales y las tareas pedagógicas que desde estos se desarrollan.

En el noveno capítulo se hace un estudio de las distintas escue-las de la administración relacionadas con el recurso humano, se clasifican según sus tendencias, características y fundamentos y se sugieren las preguntas a través de las cuales se puede evaluar la calidad de la gestión administrativa del factor humano, como otro criterio de acreditación de los centros educativos.

En el décimo capítulo se presentan los problemas de la falta de liderazgo de los directivos de los centros educativos, la forma de superarlos y se estructura un perfil ideal del directivo docente que asume la administración del centro escolar. A la luz de este perfil se caracteriza la evaluación del liderazgo transformacional que puede existir al interior de los centros educativos y se proponen los criterios e indicadores para orientar la acreditación, desde esta dimensión.

En el último capítulo, desde una perspectiva de educación, escuela y pedagogía transformadora, se establecen los criterios, indicadores y preguntas claves para evaluar la calidad del desarrollo humano, la educación por procesos, la construcción del conocimiento, la transformación socio-cultural y la innovación educativa que los centros educativos adelantan. Esta evaluación se hace desde las dimensiones antropológica, axiológica, ético-moral, formativa, biológica, psicológica, socioafectiva, espiritual, cognitiva, estética, científica, epistemológica, metodológica, tecnológica, sociológica, interactiva, ecológica, investigativa, pedagógica, didáctica, curricular, administrativa y evaluativa; describiendo su contenido, sus características y los criterios e indicadores para orientar el proceso de acreditación.

Considero que este texto, el primero que se escribe para la acreditación de los centros educativos de básica primaria y secundaria y media vocacional, es un aporte para definir y establecer algunos parámetros, factores, elementos, criterios e indicadores para la autoevaluación de los centros educativos, su autorregulación y su posterior acreditación, desde una perspectiva pedagógica, curricular y administrativa y no desde la infraestructura y los recursos. Si fuera por estos últimos, solamente el nueve por ciento (9%) de las instituciones educativas latinoamericanas podrían acreditarse. El debate está abierto y éste es mi aporte al mismo.

El autor

LA INVESTIGACIÓN EVALUATIVA
como aporte al proceso de autoevaluación y acreditación de los centros educativos

La investigación evaluativa se ha convertido hoy en día en un tipo de investigación social aplicada a los campos de la educación, la salud, el desarrollo comunitario, la agricultura y otros; pero especialmente a la educación, al currículo y al desarrollo de la comunidad, los sectores claves en este proceso que están sufriendo las instituciones educativas frente a los PEI, y frente al proceso de autoevaluación institucional y la acreditación en la educación básica y media vocacional. La investigación evaluativa puede convertirse en la metodología más apropiada para la evaluación de programas, proyectos educativos, currículos y planes de estudio.

Existen diferentes tipos de investigación evaluativa que puede facilitar los procesos de autoevaluación y acreditación institucional y de autorregulación curricular; entre los más representativos están:

- La evaluación intermedia
- La evaluación terminal
- La evaluación diagnóstica
- La evaluación formativa
- La evaluación sumativa
- La evaluación interna
- La evaluación externa
- La evaluación de procesos
- La evaluación de impacto
- La evaluación institucional
- La evaluación de programas
- La evaluación participativa

La *evaluación intermedia* permite recolectar información a lo largo del proceso de desarrollo de los programas y actividades con el propósito de encontrar los problemas de funcionamiento, presentes y venideros, que surgen en estos para poder establecer oportunamente las soluciones pertinentes y adecuadas a los mismos.

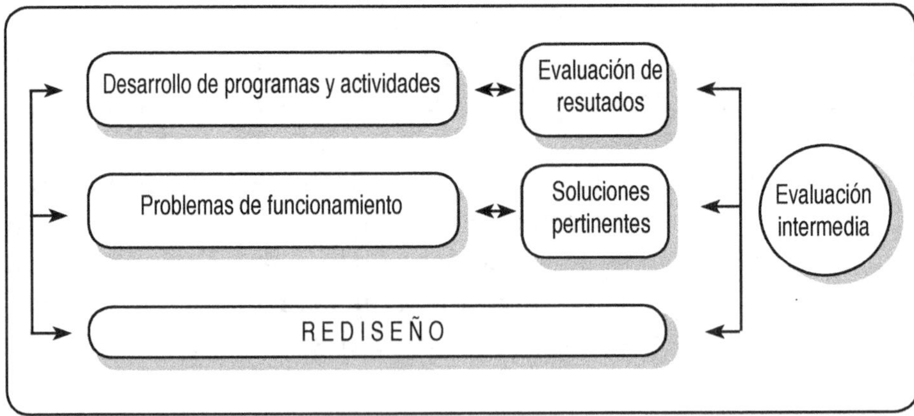

Ayuda a evaluar los resultados parciales de la dinámica global de programas y actividades y los factores que facilitan y dificultan el logro del propósito principal terminal. A estas evaluaciones intermedias se les acompaña de una evaluación terminal con la finalidad de establecer si se logran los resultados esperados. En este caso las evaluaciones intermedias son descriptivas, interpretativas y pragmáticas, y orientan el rediseño.

La *evaluación terminal* es metodológica, rigurosa, explicativa, objetiva y generalizadora, y permite analizar de forma definitiva el logro o no de los objetivos propuestos y la pertinencia o no de los programas y proyectos realizados y la calidad de los mismos.

Por el carácter de estas dos evaluaciones, la primera –la intermedia– puede ser realizada por los agentes involucrados en los programas, proyectos, actividades, procesos, etc., a evaluar; en cambio, la última –evaluación terminal– la realizan evaluadores expertos que manejan las causales de los resultados por obtener:

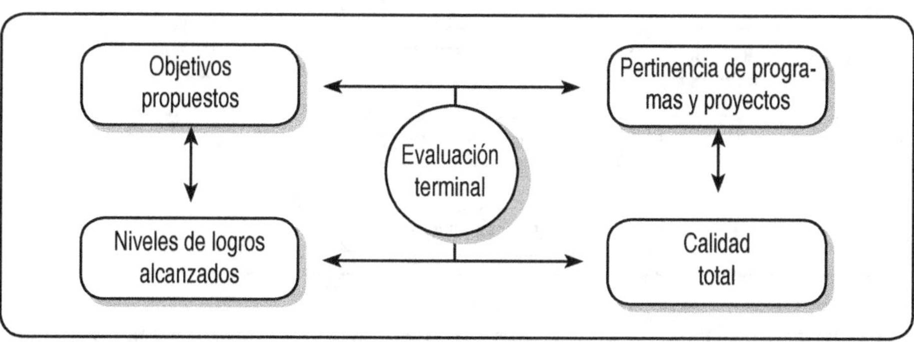

La *evaluación diagnóstica* permite partir de las condiciones reales que se tiene antes de asumir la tarea de formación o instrucción (conductas de entrada, contextos, condiciones reales, etc.), para adecuar los programas, proyectos y procesos que desde el currículo deben implementarse: hacer seguimiento permanente a ese currículo que responde a las necesidades detectadas para perfeccionar permanentemente los procedimientos de formación; verificar los productos que se vienen logrando con la aplicación del currículo con el propósito de analizar su operacionalización en el aula, sus ventajas, limitaciones, etc.

En la educación se ha confundido a la evaluación diagnóstica con los pretests que se aplican a los estudiantes para saber si dominan las asignaturas que debieron haber cursado antes de entrar al curso al cual se han inscrito; se entiende entonces por evaluación diagnóstica un examen de admisión, lo que es un error, pues el diagnóstico pretende indagar sobre las dimensiones espirituales, cognoscitivas, socioafectivas, psicobiológicas, intelectivas, comunicativas, históricas, sociales y culturales de los educandos y no sólo sobre los saberes y los requisitos académicos para iniciar un curso o unidad didáctica. La evaluación diagnóstica debe permitir contextualizar la situación concreta en la que se encuentra inmerso quien se educa, y no solamente saber acerca del dominio de los conocimientos adquiridos.

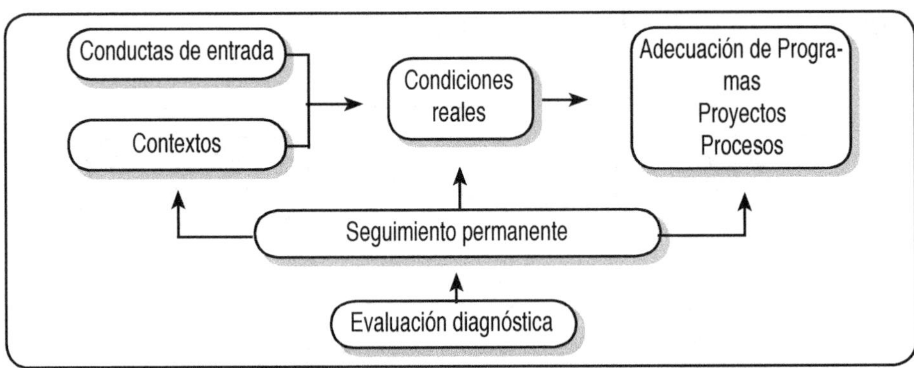

En educación también ha confundido la *evaluación formativa* con la forma de saber si el estudiante está cumpliendo con todas las tareas y actividades propuestas por el docente y con sus actitudes, aptitudes y comportamientos. La evaluación formativa evalúa es al currículo, a la forma como se generan los procesos y proyectos para que el discente logre los objetivos propuestos; está entonces orientada a los procesos metodológicos, pedagógicos, didácticos y educativos a través de los cuales se realiza la acción educativa y formadora y no sobre las tareas y acciones que los estudiantes ejecutan.

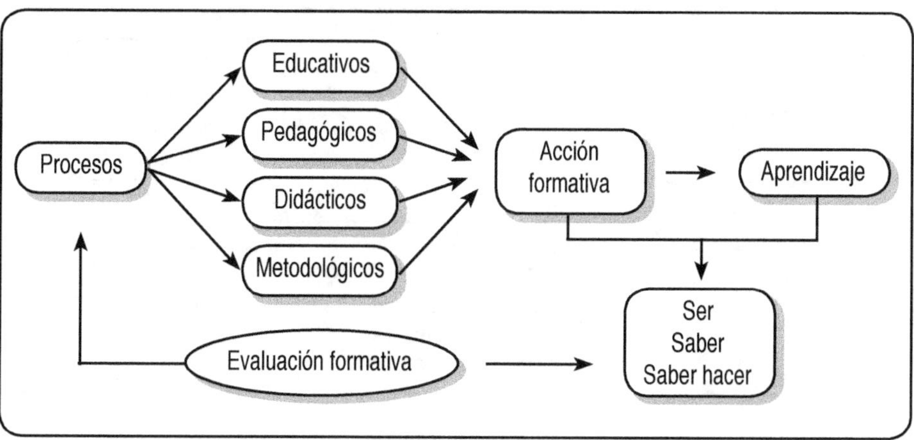

En educación también se ha confundido a la *evaluación sumativa* con las previas, exámenes y demás mediciones que, realizadas por los docentes, se traduce a notas cuantitativas para los estudiantes, ligadas éstas al aprendizaje o al comportamiento de los educandos; la evaluación sumativa es la cuantificación objetiva del resultado del proceso educativo que define, con datos concretos y en cifras estadísticas, cuántos estudiantes aprueban, cuántos reprueban, cuántos repiten, cuántos habilitan, cuántos logran los objetivos o cuántos no, para poder a partir de estos datos, evaluar claramente la pertinencia de la gestión curricular y de los procesos pedagógicos y didácticos empleados.

Por lo anterior, no es lo mismo hacer exámenes de admisión, previas, exámenes y seguimiento a las tareas escolares, que contextualizar el proceso educativo, adecuar currículos, definir estrategias pedagógicas y didácticas y saber con certeza la validez de esas estrategias en función de los logros esperados.

Las instituciones educativas deberían corregir esta falsa forma de interpretar lo diagnóstico –mirar lo que hay y no lo que debería haber–, lo formativo, que evalúa a las personas y no a los procesos y proyectos a través de los cuales éstas se forman; y lo sumativo, que pone notas y promueve a los estudiantes y no que detecta cuantitativamente el nivel de aciertos y desaciertos.

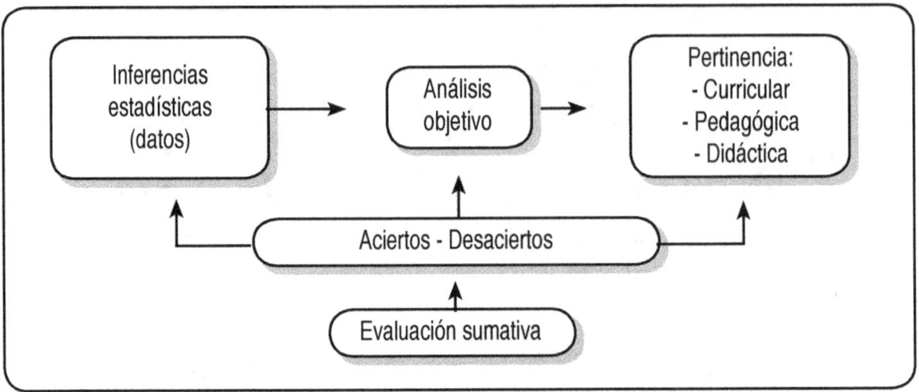

La *evaluación interna y externa* recibe su nombre dependiendo del agente educativo que las utiliza; si es realizada por los agentes educativos que pertenecen al PEI, a los programas y proyectos (directivos, docentes, estudiantes, padres de familia, personal administrativo, etc., relacionados con el gobierno escolar) se considera *evaluación interna,* y ésta tiene como propósito permitir analizar los resultados alcanzados dentro de estos programas o proyectos, tomando como referencia los objetivos que se hicieron explícitos en la iniciación de los mismos. Pero si la evaluación es realizada por evaluadores externos que no tienen ningún tipo de contacto con los agentes educativos institucionales, que tienen sus propios criterios e indicadores de evaluación y estos son independientes de los propuestos por la institución, a este tipo de evaluación se le denomina *externa.*

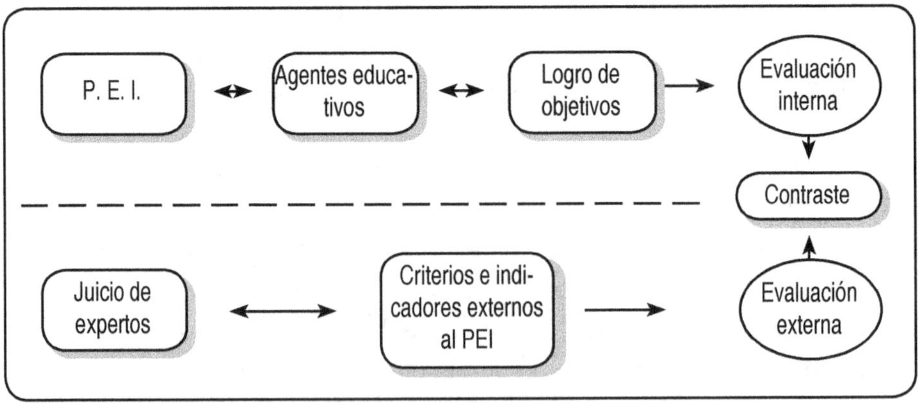

La *evaluación de procesos* permite analizar los fundamentos y la dinámica de los programas tomando como focos de evaluación los elementos que los componen, las funciones de estos elementos, las relaciones entre ellos y el sentido de estos –elementos– y estas –funciones y relaciones–, en función del impacto esperado; podría entonces llamarse también por su carácter, *evaluación estructural*.

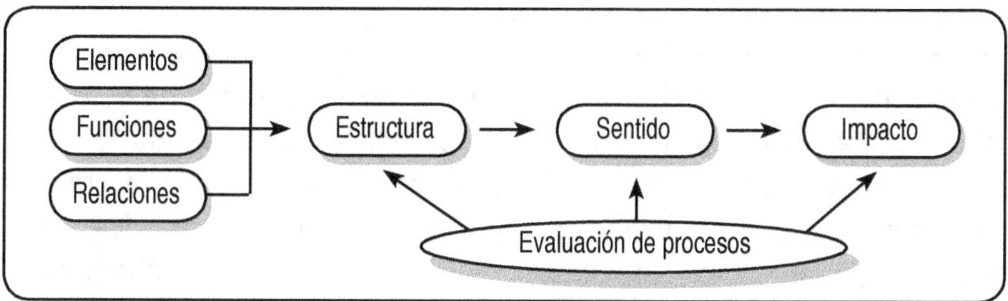

La *evaluación de impacto* es la que permite determinar con certeza y confiabilidad el logro de los objetivos de un programa al identificar claramente, en el plano real de la operacionalización de los mismos proyectos y programas , sus bondades, aportes y beneficios. Determina el valor agregado de los programas y proyectos.

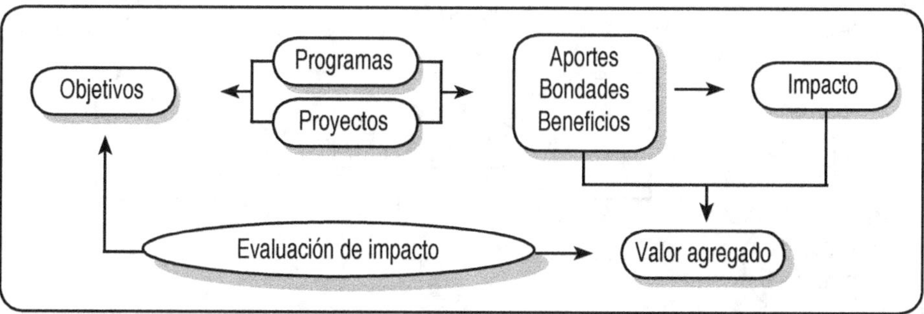

La *evaluación institucional* se refiere a aquélla que toma como focos evaluativos o centro de atención a las funciones que la institución debe cumplir; en el caso de las universidades a la investigación, la docencia y la extensión; en el caso de los centros educativos de educación preescolar, básica primaria y secundaria y de media vocacional al proceso de formación integral propuesto en el PEI.

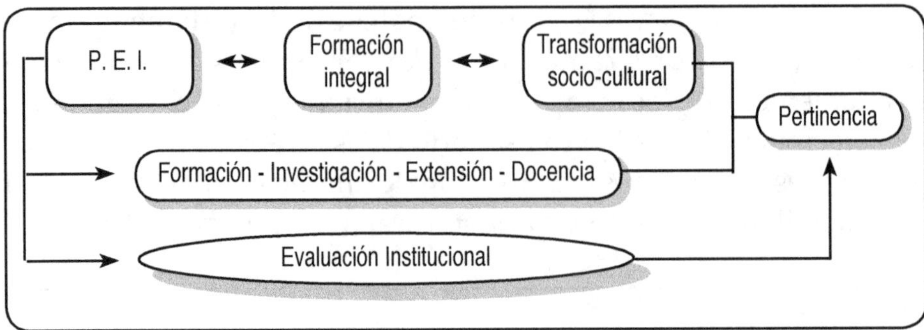

En la *evaluación de programas* se evalúan los proyectos y las actividades a través de las cuales estos se desarrollan; se evalúan con criterios que surgen de los objetivos planteados y de las tareas propuestas a la luz de los espacios y tiempos destinados para ellas; evalúa entonces los objetivos del programa, las actividades realizadas, los recursos utilizados, el tiempo empleado para lograrlas y los niveles de acierto o desaciertos en función de costos y materiales empleados.

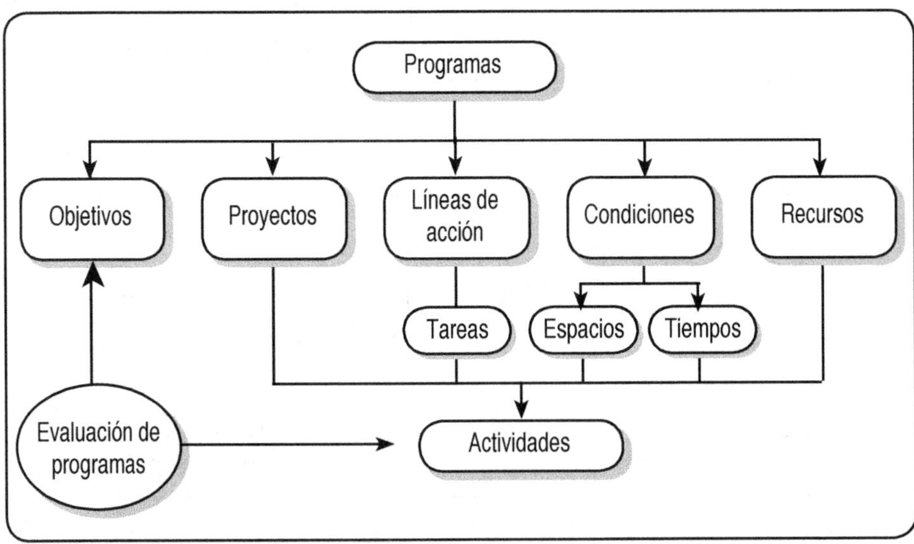

La *evaluación participativa* es la que es realizada directamente por los agentes que participan en el programa, proyecto, actividad o proceso, lo que permite a las personas involucradas cumplir mejor sus tareas y lograr de mejor forma propósitos individuales y grupales, lo que le permite el desarrollo institucional, grupal e individual; también permite en los programas y proyectos detectar mejor los problemas, proponer soluciones más viables y realistas, comprometerse más con los proyectos y sus objetivos y lograr soluciones definitivas y no solamente provisionales.

Las evaluaciones participativas permiten conciliar los propósitos con los objetivos y los diseños metodológicos, con la planeación, la programación y la parcelación; como también implementar formas de trabajo responsable, comprometer a los agentes educativos, mejorar el nivel personal e institucional, formalizar metodologías, evitar la competencia profesional, facilitar el liderazgo transformador, disminuir costos, etc.

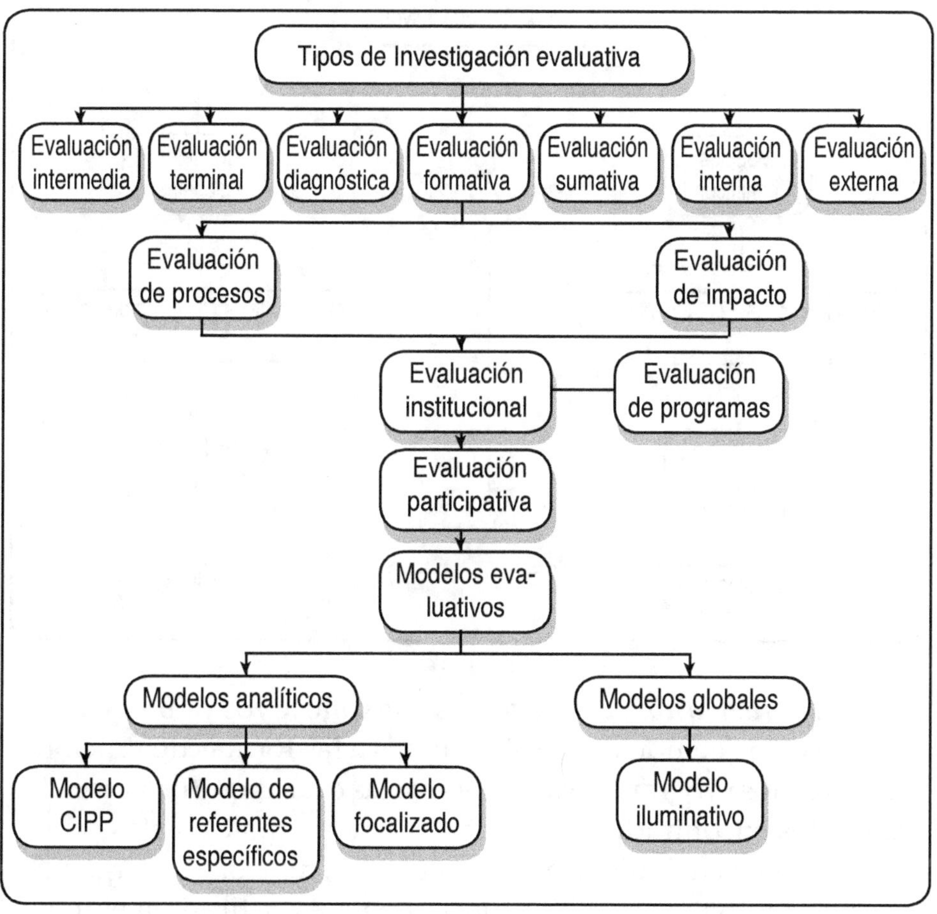

Estos distintos tipos de evaluación como formas de la investigación evaluativa pueden operarse a través de *modelos de evaluación* que, a manera de esquemas o diseño, técnicas o procedimientos, permiten recolectar la información y hacer un análisis de ésta para obtener, en definitiva, los principales resultados del proceso de la investigación.

Es posible distinguir dos tipos generales de modelos evaluativos:

1.   Los modelos analíticos.
2.   Los modelos globales.

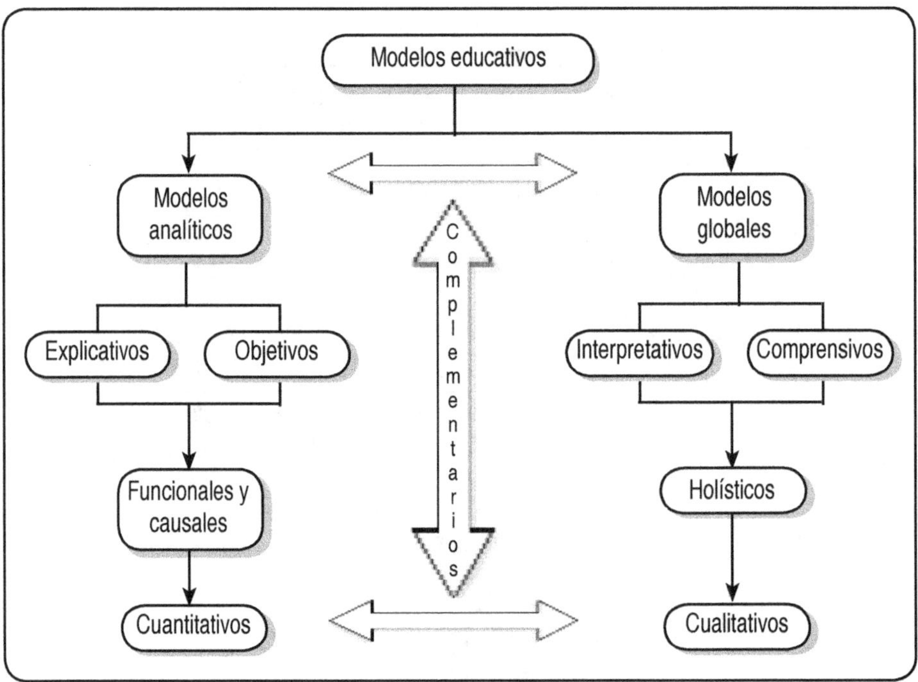

Los *modelos analíticos de evaluación* son explicativos y objetivistas y con ellos se pretende dar explicaciones a las formas de funcionamiento de los programas y a encontrar las causas que producen los resultados encontrados, sean estos buenos o malos. Éstas causas pueden ser de cualquier tipo; estructurales, funcionales, organizacionales, motivacionales, comportamentales, actitudinales, etc.

Los *modelos globales de evaluación* son interpretativos y comprensivos, ya que permiten establecer el significado de las acciones y de las actividades que se desarrollan en los proyectos y programas. Su enfoque globalizador y holístico, que no busca causas ni efectos, sino que interpreta y comprende procesos por ser epistemológicos pueden convertirse en subjetivos.

Por lo anterior, los modelos analistas tienden a utilizar información cuantitativa o cuantificable, sin excluir la información cualitativa que en ellos es complementaria; por el contrario, los modelos globales le dan énfasis a la información preferentemente cualitativa.

Entre los modelos analíticos más comunes se encuentran:

1.   El modelo CIPP
2.   El modelo de referentes específicos
3.   El modelo focalizado

Entre los modelos globales interpretativos el más común es el iluminativo.

Estos modelos se han considerado también por algunos investigadores en evaluación educativa, entre ellos Guillermo Briones, como tipos de evaluación y por esto se les ha denominado también evaluación focalizada, evaluación de referentes específicos y evaluación iluminativa. Veámoslos:

La *evaluación CIPP*, Contexto-Insumo-Proceso-Producto, permite delimitar, definir, obtener y proporcionar informaciones útiles para valorar o ponderar decisiones alternativas; estas decisiones pueden ser tomadas para planear, estructurar, implementar o rediseñar programas.

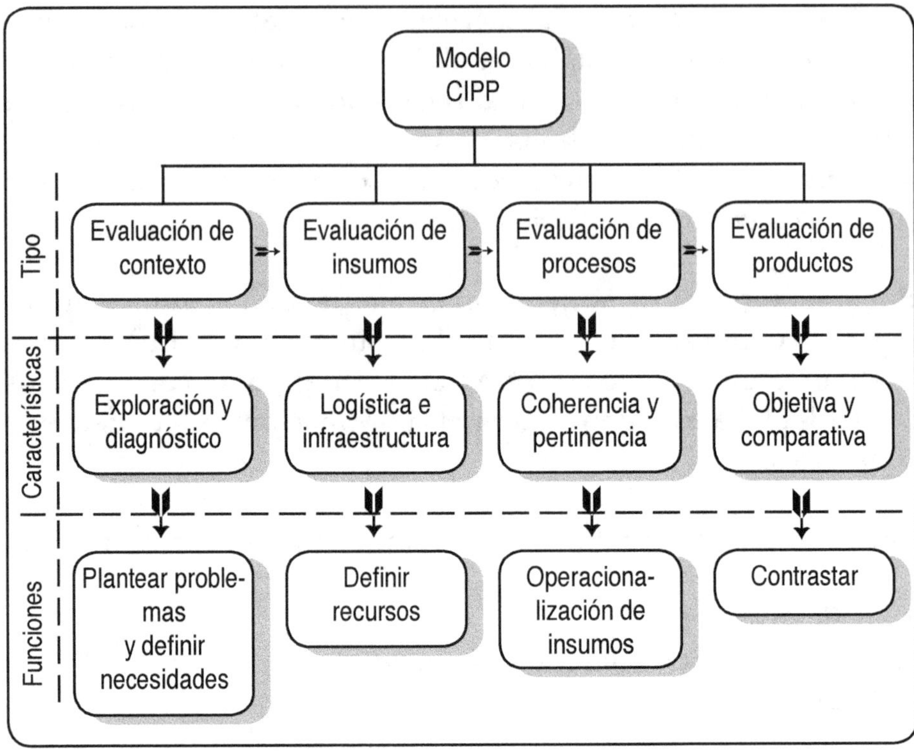

La información para los cuatro tipos de decisiones a tomar dentro de un proyecto o programa deben provenir directamente de cuatro tipos de evaluaciones que son las que le dan el nombre al modelo que las utiliza, éstas son: la evaluación contextual, la evaluación de insumos, la evaluación de procesos y la evaluación de productos.

La *evaluación contextual* es exploratoria y ubica los problemas o necesidades por resolver en determinado contexto: social, económico, político, cultural, de pedagogía, de didáctica, educativo, etc., y a partir de él diseñar y formular los objetivos específicos sobre los cuales puede diseñarse el programa.

La *evaluación de insumos* permite definir los recursos que se necesitan para lograr los objetivos generales y específicos y la forma como estos deben ser utilizados; es decir, cuándo, cómo, quién los usa, dónde, etc.

La *evaluación de procesos* permite establecer si la estrategia de utilización de los insumos es la apropiada, si se aplica o no de forma pertinente.

La *evaluación del producto* interpreta el logro de los objetivos, especialmente a su terminación. Esto se logra comparando el producto con las expectativas iniciales y los indicadores de logro planteados.

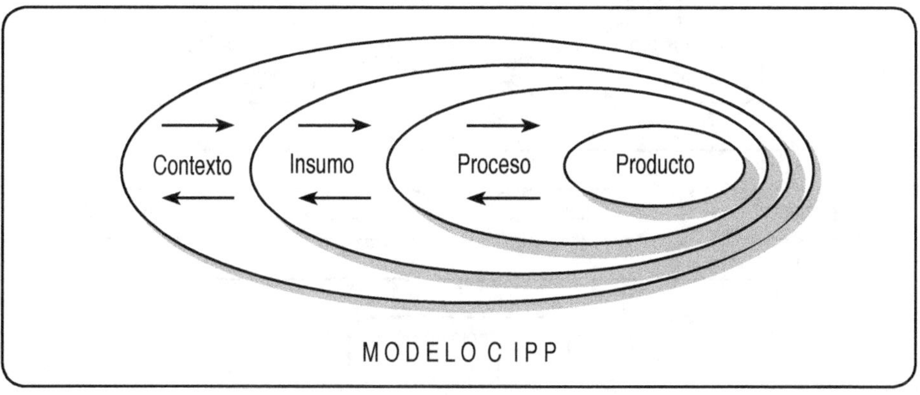

El *modelo de referentes específicos* propuesto por Guillermo Briones, se apoya en las características generales de los programas que han previsto en sus objetivos unos determinados resultados y le permite al investigador-evaluador valorar los componentes específicos del programa. Este modelo, llamado también *evaluación de referentes*, permite identificar los elementos que deben evaluarse, calcular la necesidad y la pertinencia de la información que debe obtenerse, asegurar la participación interesada y comprometida de los individuos y del grupo que intervienen en el proyecto o programa, definir claramente el objetivo de la evaluación, describir y analizar el resultado de la evaluación, comparar estos resultados con patrones para poder dar un juicio de valor, producir los informes pertinentes y apropiados a quienes lo necesitan, en este caso a quienes tienen en sus manos la toma de decisiones. Este modelo permite evaluar el contexto, los objetivos, los recursos, el funcionamiento de estos a la población involucrada en el programa y a los resultados (previstos e imprevistos), lo que permite valorar los niveles de efectividad, eficiencia, eficacia y pertinencia del programa o proyecto.

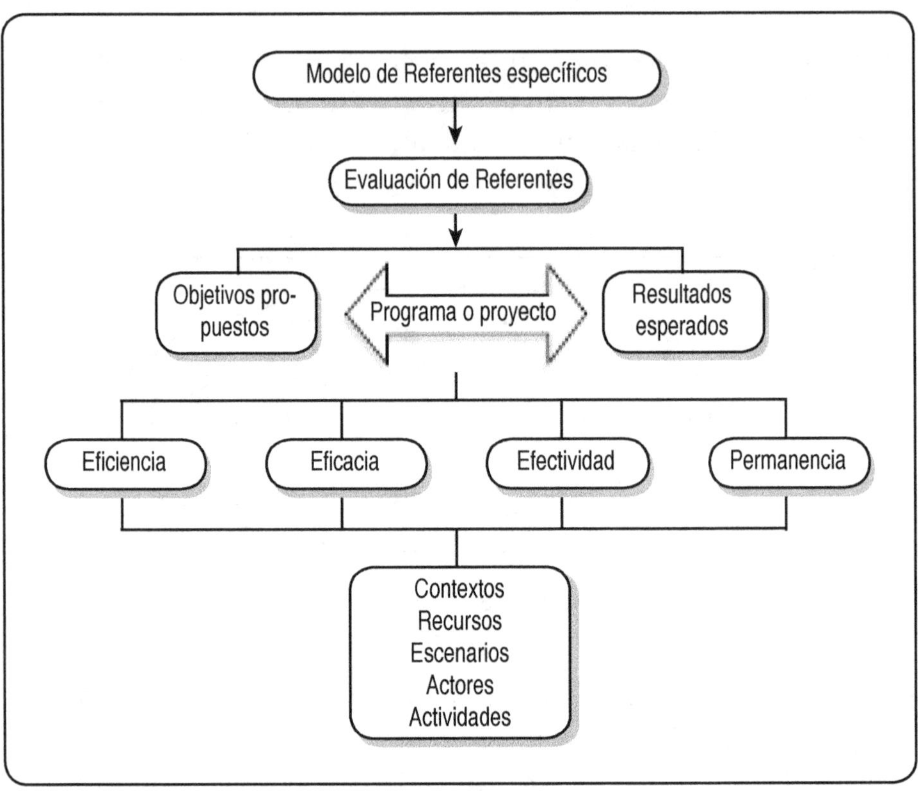

El *modelo de evaluación focalizada* permite: a. Identificar y organizar a las personas relevantes que toman las decisiones y a los usuarios que esperan la información, estableciendo los criterios de organización; b. Identificar y focalizar las preguntas que permiten hacer la evaluación relevante; c. Definir los métodos de evaluación seleccionando la información que permite la toma de decisiones; d. Ofrecer los espacios y tiempo para el análisis y la interpretación de esta información por parte de los evaluadores y de los usuarios del producto de la evaluación; e. Permitir la negociación y la cooperación a la hora de la publicación y diseminación de los resultados.

La *evaluación iluminativa* representa un enfoque cultural, etnográfico, de naturaleza holística en el cual no hay preocupación por el análisis de los componentes, ni de las variables intervinientes, ni de los controles de tipo experimental, pues se apoya preferentemente en el paradigma subjetivista en el que prevalece la información cualitativa y que busca, finalmente, no la explicación de los procesos sino la interpretación de ellos y de lo que significan para el mismo proceso de evaluación y para la interpretación de los resultados.

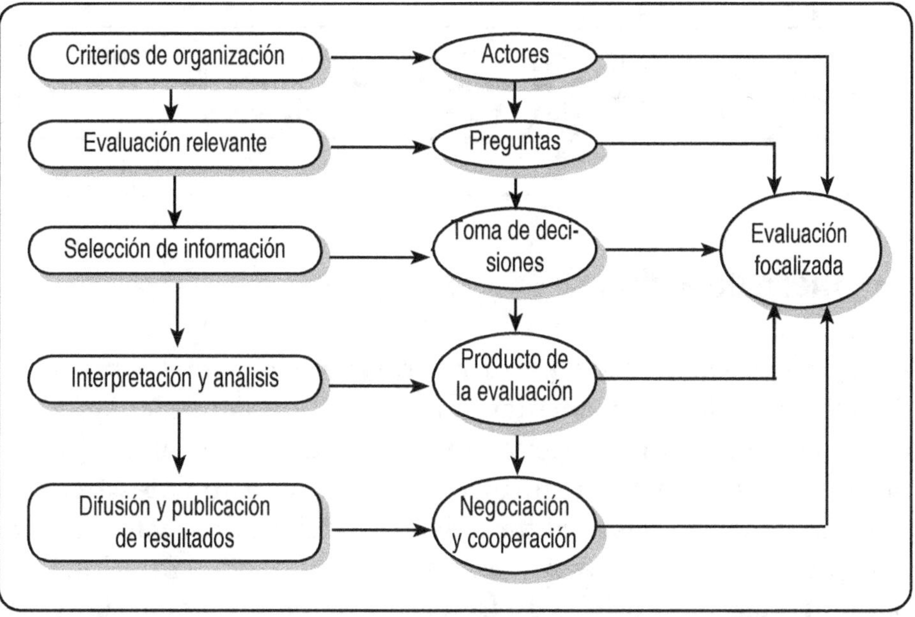

Esta evaluación iluminativa pretende contribuir a la toma de decisiones mediante informaciones, comentarios y análisis destinados a aumentar el conocimiento y la comprensión del programa. En esta forma de evaluación se identifican y discuten los problemas, se definen líneas temáticas de indagación particulares y se contextualiza en un marco conceptual subyacente que permite interpretar los resultados, desde la postura subjetiva del evaluador y no necesariamente desde los datos objetivos problémicos del programa o del proyecto.

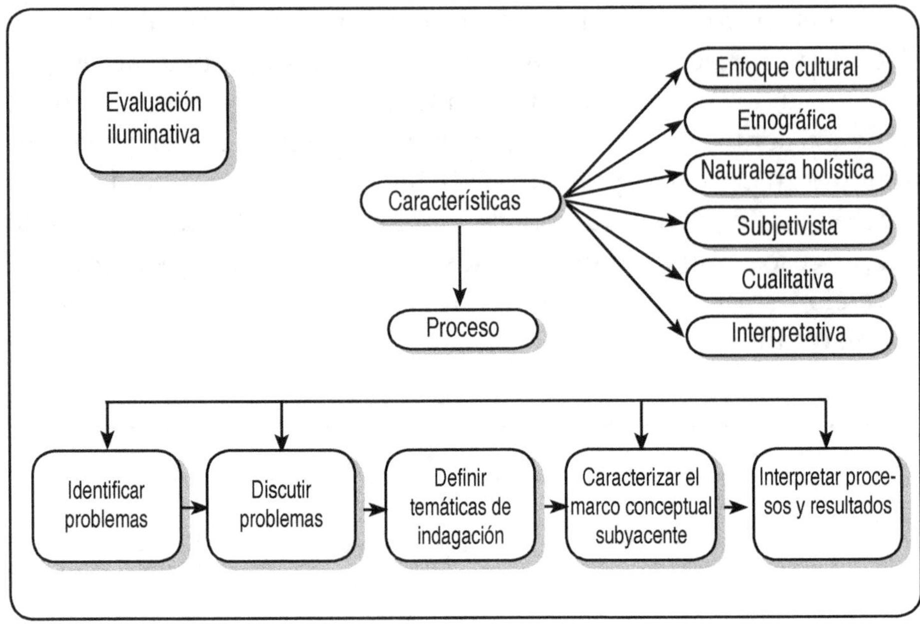

A manera de epílogo:

Aplicar todas las anteriores formas de evaluación en los procesos de autorregulación curricular, en especial de la autoevaluación institucional, permitirían realizar una evaluación integral a los programas y proyectos institucionales o de las diferentes áreas; lo que sin lugar a dudas facilitaría detectar debilidades y fortalezas, oportunidades y amenazas y tomar un juicio crítico frente a éstas para facilitar los procesos de toma de decisiones y de rediseño.

Recordemos que la investigación evaluativa se aplica a programas y proyectos y a sus estrategias de operacionalización como son las actividades, los procesos y los recursos; y no necesariamente a los aprendizajes como se ha venido tomando últimamente por la transformación de los sistemas de evaluación en la educación básica y media vocacional.

En conclusión, la investigación evaluativa integral es un excelente aporte al proceso de autoevaluación y acreditación de los centros educativos, más aún si en ella se tiene en cuenta todos los tipos, formas y modelos de evaluación; entre ellos: intermedia, terminal, diagnóstica, formativa, sumativa, interna, externa, participativa, analítica, globalizada, contextual, de insumos, de procesos, de programas, de productos, de referentes específicos, focalizada e iluminativa.

2

LA EVALUACIÓN DE LA FACTIBILIDAD Y PERTINENCIA DE LOS PROYECTOS EDUCATIVOS INSTITUCIONALES

Introducción

En los países latinoamericanos las Leyes Generales de Educación y las reformas educativas, dentro de la organización para la prestación del servicio educativo y de sus normas generales, con el fin de lograr la formación integral de los educandos, obligan a los diferentes establecimientos educativos a elaborar y poner en práctica el Proyecto Educativo Institucional –PEI–.

En Colombia, el Decreto 1860 del 3 de agosto de 1994 del MEN, que reglamenta parcialmente la Ley 115 de 1994, en su capítulo III, artículo 14, plantea el contenido del Proyecto Educativo Institucional, lamentablemente, como producto y no como proceso, lo que llevó a las instituciones a elaborar proyectos sin evaluar su factibilidad, o a presentarlos, a manera de receta de cocina, siguiendo este artículo 14, sin investigar evaluativamente y sin evaluar investigativamente, por el afán de cumplir la ley.

El interés del presente capítulo es, a manera de propuesta personal, (con la experiencia que me ha dado el elaborar y asesorar proyectos educativos de comunidades y de instituciones en Colombia y latinoamérica), definir los elementos básicos que cada institución educativa debe tener en cuenta para elaborar su proyecto educativo y evaluar el nivel de factibilidad para la operacionalización del mismo con el propósito de ofrecer a los centros educativos una orientación básica para el diseño, elaboración, operacionalización y evaluación de su PEI.

Cinco elementos básicos del Proyecto Educativo Institucional, serían:

a.   Las generalidades del proyecto.
b.   La filosofía que lo inspira.
c.   La forma como será ejecutado el proyecto.
d.   La forma de evaluar; su aplicación y resultados.
e.   La proyección que éste tiene.

Seis fases para evaluar la factibilidad del proyecto serían:

a.   La fase de exploración.
b.   La fase de información.
c.   La fase de elección.
d.   La fase de contextualización.
e.   La fase de muestreo.
f.   La fase de diagnóstico.

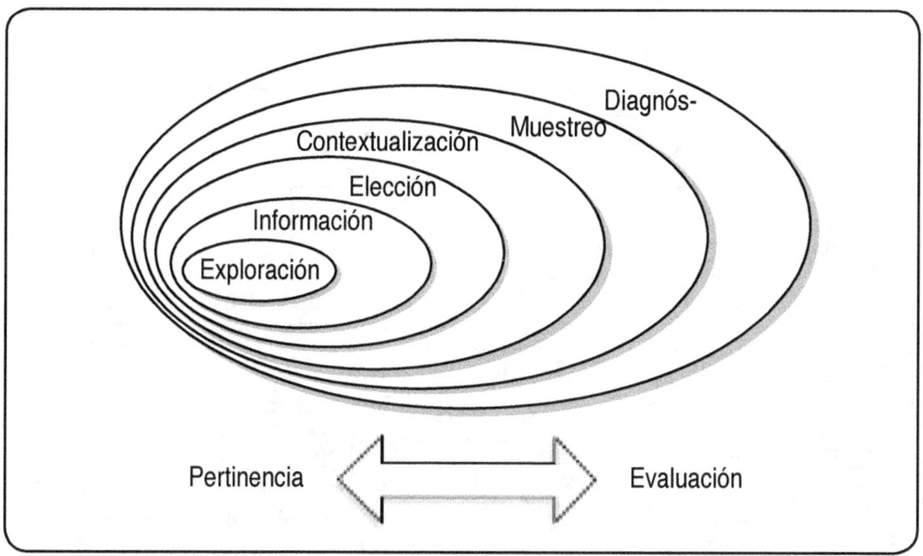

Desarrollados los elementos básicos para la génesis del PEI y evaluada su factibilidad en las fases anotadas se crean las condiciones
para hacer la propuesta.

Desarrollemos entonces estos elementos básicos; conozcamos estas
fases de evaluación de factibilidad y presentemos una estructura
orgánica de la propuesta para la construcción del PEI.

Elementos básicos del Proyecto Educativo Institucional

Generalidades del proyecto

Las generalidades deben presentar los antecedentes: reseña histórica, trayectoria institucional y diagnóstico de la realidad; el
objeto y alcance del proyecto: propósito (misión), prospectiva
(visión) y objetivos; la fundamentación del proyecto: dimensiones
epistemológica, antropológica, axiológica, sociológica, psicopedagógica, curricular y de estilo particular institucional; el marco
situacional: actores del proyecto, escenarios de desarrollo, condiciones de ejecución y contextualización, y el marco normativo:
fundamentación legal, reglamentación interna, disposiciones
varias y criterios básicos.

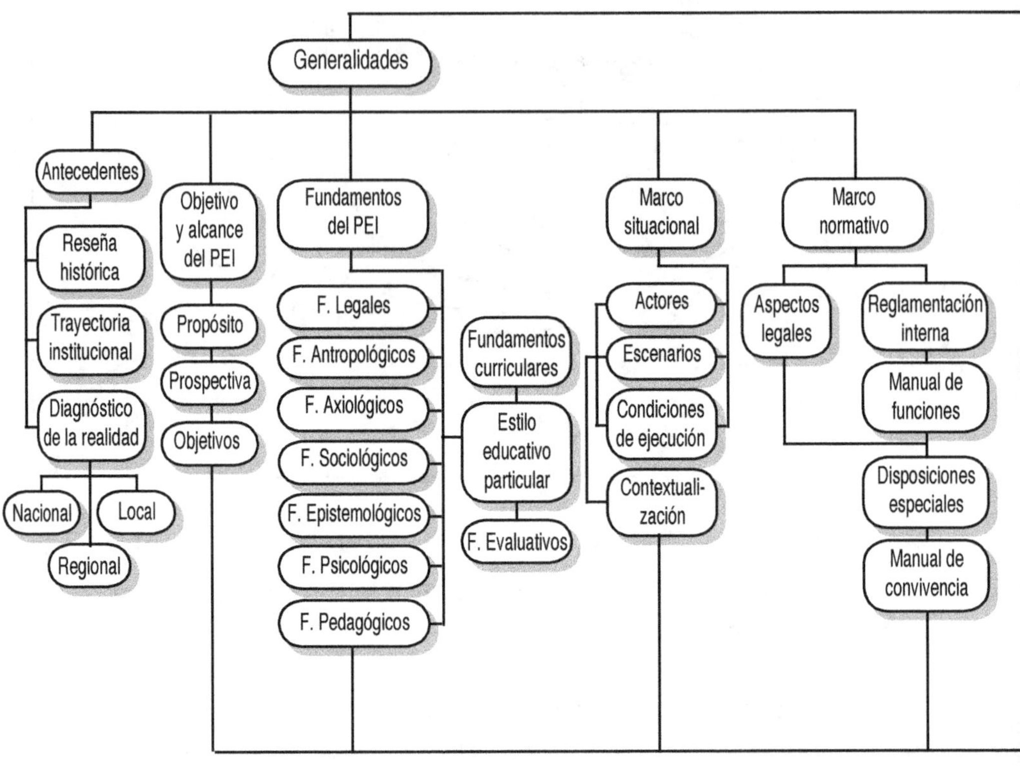

Filosofía

La filosofía que inspira el proyecto debe contener la naturaleza del proyecto, los marcos teórico y conceptual, los principios y las políticas institucionales.

Ejecución

La forma como será ejecutado el proyecto debe prever las etapas del proyecto, las prioridades, los programas específicos, el análisis de tareas, tales como actividades, responsabilidades y manuales

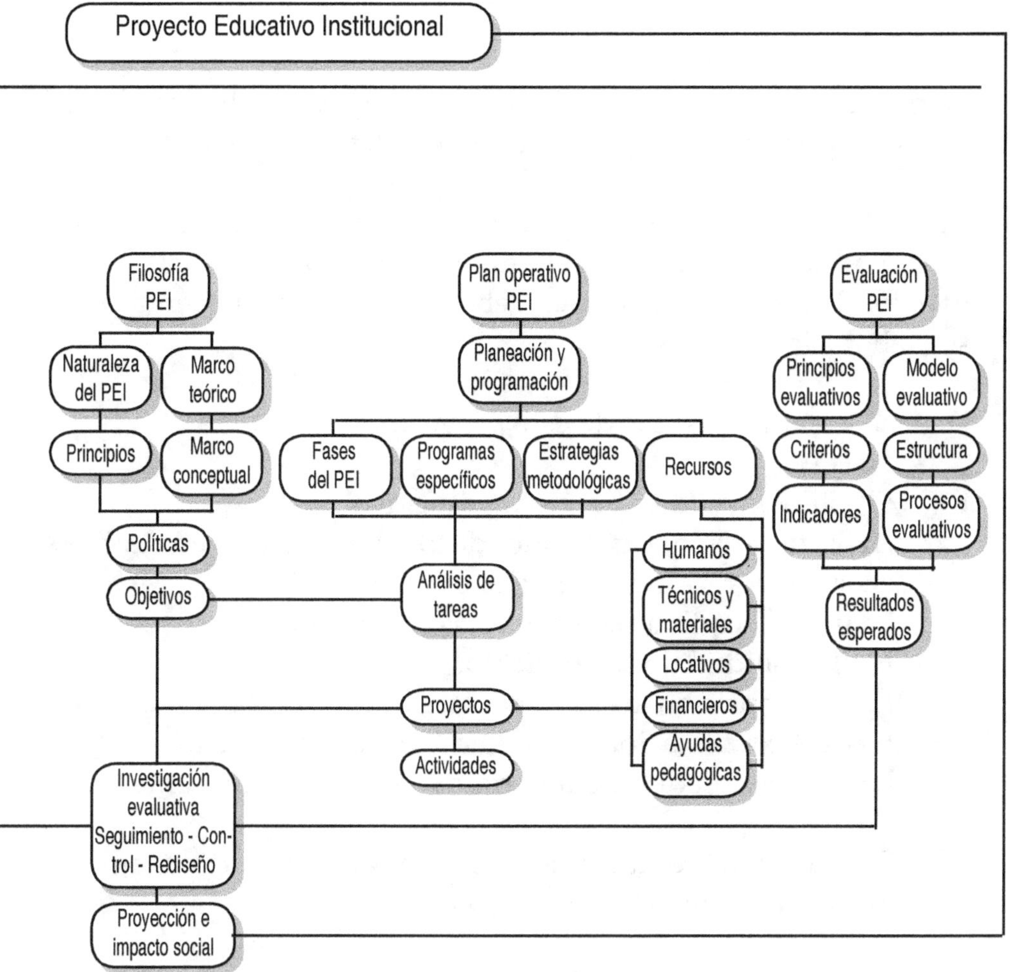

de funciones; las estrategias metodológicas, los recursos humanos, técnicos, logísticos y financieros.

Evaluación

La evaluación debe incluir los principios evaluativos: criterios e indicadores; el modelo evaluativo: estructura, procesos y resultados esperados, y las líneas de retroalimentación y ajuste para el seguimiento, control y rediseño.

Proyección

La proyección debe incluir el plan de logros y la difusión de resultados: publicaciones y eventos especiales de proyección.

Nota: El Proyecto Educativo Institucional debe trascender no sólo a la comunidad escolar, sino también a las comunidades educativa, local y eclesial, las cuales deben ser tenidas en cuenta para su elaboración.

Deben ser características de este proyecto:

- El estilo educativo propio institucional.
- La participación democrática de todos los agentes educativos en su elaboración y operacionalización.
- La interdisciplinariedad en su concepción.
- La flexibilidad de su currículo.
- La coherencia en las dimensiones que lo fundamentan.
- La contextualización a las condiciones del entorno.
- La proyección de cara a la calidad educativa presente y futura.
- Su intencionalidad eminentemente personalizadora, humanizadora y emancipatoria.

Fases para la factibilidad del proyecto

Fase de exploración

Implica un contacto inicial con todos los agentes y estamentos educativos, en especial con padres de familia y educadores para evaluar la propuesta del proyecto y contextualizarla en las políticas del Ministerio de Educación.

Fase de información

Debe hacerse un trabajo de información con los agentes educativos para que se conozca la filosofía del proyecto, los propósitos, la prospectiva y los objetivos del mismo, y evaluar la forma como los diferentes agentes educativos deben asumirla y sus implicaciones.

Fase de elección

Es necesario hacer una elección de técnicas e instrumentos para recolectar información proveniente de los agentes educativos, en especial observación permanente y diseño de algunos cuestionarios, encuestas y entrevistas.

Fase de contextualización

Es importante que se estudien todos los factores contextuales que de una u otra forma inciden sobre la propuesta o su operacionalización. Son importantes, entre otros factores, los históricos, económicos, sociales, políticos, culturales, educativos, geográficos, de infraestructura y de apoyo.

Fase de muestreo

Es necesario definir la población con la que se va a trabajar y determinar la muestra representativa en los diferentes agentes educativos, a través de los cuales se recolectará la información. Debe definirse el diseño metodológico para la investigación o recolección de información previa, y elaborar y validar los instrumentos de muestreo.

Fase de diagnóstico

Deben codificarse y tabularse los datos, hacerse inferencias específicas y analizar los resultados para orientar las conclusiones acerca de la propuesta del PEI y hacer las reconsideraciones del caso.

La propuesta

Con base en los elementos básicos del PEI, y evaluada su factibilidad con las fases anteriores, debe hacerse la propuesta concreta del Proyecto Educativo Institucional. Esta propuesta debe contener:

- La carta de presentación.
- La tabla de contenidos de la propuesta del PEI.
- La contextualizacion del proyecto desde la dimensión educativa en los niveles nacional: Constitución, Ley General de Educación y Renovación curricular; departamental, regional, municipal y la propiamente institucional.
- Formular los objetivos general y específicos.
- Plantear la metodología utilizada para el diagnóstico y para la operacionalización del PEI.
- Presentar un análisis de los resultados obtenidos en el diagnóstico, discriminando las opiniones de los diferentes agentes educativos.
- Presentar las alternativas curriculares, contextualizadas en los fundamentos de la propuesta y en la forma de operarlas en los planes de estudio y las estrategias de implantación.
- Presentar los planes de estudio por secciones, áreas, niveles, asignaturas con cargas académicas y forma de administrarlos en los horarios y jornadas escolares.
- Hacer una presentación de los recursos humanos, locativos, logísticos, de materiales educativos de apoyo, etc., que permiten asegurar que el PEI es factible de ejecución y desarrollo.
- Plantear las recomendaciones y sugerencias de cómo se realizará la implantación de la propuesta del PEI.
- Asignar responsables al PEI y presentar el manual de funciones de quienes lo dinamizan y evalúan.
- Establecer los criterios de evaluación y las estrategias de seguimiento y control al PEI.
- Anexar una bibliografía básica consultada y citada en la fundamentación del proyecto y copia de los instrumentos aplicados en el diagnóstico con los agentes educativos.

Autoevaluación y Acreditación del PEI

Para poder evaluar el nivel de pertinencia del PEI y acreditarlo, es necesario responder a las siguientes preguntas, y para ello, es necesario definir los criterios de evaluación, los indicadores y construir los instrumentos y hacer seguimiento a los procesos.

Preguntas evaluativas:

* ¿El PEI le da continuidad a la trayectoria institucional y no desvirtúa los procesos, programas y proyectos trabajados con anterioridad?

* ¿El PEI se contextualiza en un análisis de la realidad nacional, regional, municipal, local e institucional y da respuesta a las necesidades encontradas en este análisis?

* ¿El PEI caracteriza adecuadamente su objeto y alcance definiendo claramente la misión y la visión institucional?

* ¿El PEI tiene un propósito definido y genera prospectiva, inspirados éste y ésta en los fines educativos y en los objetivos institucionales?

* ¿Están definidos en el PEI, y de forma clara, los fundamentos filosófico (antropológico y axiológico), psicológico, epistemológico, sociológico y pedagógico?

* ¿Responden estos fundamentos, respectivamente y de forma apropiada, a las necesidades de desarrollo humano, educación por procesos, construcción del conocimiento, liderazgo transformacional e innovación educativa propios de un PEI transformador?

* ¿Están definidos los fundamentos curriculares en el PEI y son estos coherentes con los fundamentos anteriores?

- ¿Se define en el PEI el estilo educativo particular de la institución y su modelo pedagógico?

- ¿Se define claramente en el PEI la función de la evaluación y se evalúa este desde esta perspectiva?

- ¿En el PEI se definen claramente los actores educativos y se crean los escenarios para su desarrollo, los programas y proyectos para su cualificación y las condiciones apropiadas para asegurar el bienestar, la promoción y el desarrollo humano de estos actores?

- ¿El PEI responde al contexto interno y externo institucional y a las necesidades de desarrollo que desde estos se han propuesto?

- ¿Está claro el marco normativo en el PEI?

- ¿Están definidos en el PEI, claramente, todos los aspectos legales y éste se ajusta a la normatividad vigente propuesta desde y para la educación y las instituciones?

- ¿Existen los perfiles, los manuales de funciones, los reglamentos especiales, el manual de convivencia y están claras las reglas del juego que permiten la operacionalización del PEI?

- ¿Está definida claramente la naturaleza del PEI y ésta se sustenta en una filosofía, se plantea en unos principios y se opera desde unas políticas en coherencia?

- ¿Están formulados claramente los objetivos formativos y académicos del PEI y existen las condiciones apropiadas para alcanzarlos?

- ¿Existe un plan operativo y de desarrollo que permite lograr todo lo propuesto en el PEI?

- ¿Están claramente definidos los programas y los proyectos académicos, formativos y transversales que permiten la formación integral de calidad en los educandos?

- ¿Están definidas las estrategias metodológicas y las actividades curriculares y extracurriculares a través de las cuales se puede operacionalizar el PEI?

- ¿Se están ejecutando adecuadamente estas metodologías y actividades y los recursos utilizados son pertinentes y apropiados para la realización de éstas?

- ¿El recurso humano (docentes, directivos docentes, padres de familias, educandos, personal administrativo y de servicios generales y auxiliares) es idóneo y cumple sus funciones según lo previsto en el PEI y los recursos técnicos, pedagógicos, de infraestructura, locativos y financieros aseguran el desarrollo de lo previsto en el PEI?

- ¿Los principios evaluativos propuestos en el PEI y el modelo de evaluación propuesto (del PEI, de los programas, del currículo, del modelo pedagógico, de las estrategias didácticas, del aprendizaje de los alumnos) son coherentes con la estructura de la evaluación y con los criterios, indicadores e instrumentos diseñados para evaluar el PEI en su contexto, en sus agentes educativos, en sus procesos y en sus productos?

- ¿La investigación educativa y pedagógica se ve reflejada en el desarrollo progresivo y paulatino del PEI?

- ¿Hay un seguimiento permanente y un control adecuado a todos los factores que desde el PEI se han previsto para asegurar su factibilidad y pertinencia?

- ¿La práctica social y la proyección a la comunidad son pilares del PEI?

Responder a estas preguntas nos permitiría evaluar claramente si el PEI es pertinente y coherente. Hacerlo antes de su implementación nos permite evaluar su factibilidad, pero hacerlo durante el proceso de desarrollo y valorando los productos del mismo, nos permite evaluar su validez y confiabilidad.

Responder a estas preguntas nos permite entonces autoevaluar el Proyecto Educativo Institucional, autorregularlo y así acreditarlo.

LA EVALUACIÓN DE LOS CENTROS EDUCATIVOS DESDE LA PERSPECTIVA DEL PROYECTO CULTURAL

Las nuevas tendencias educativas del siglo XXI establecen como prioridad para los sistemas educativos centrar los procesos pedagógicos en el desarrollo de las potencialidades humanas. Ha sido entonces un problema para las instituciones educativas comenzar a preguntarse qué tipo de hombre formar, en qué escala de valores; problemas que algunos han resuelto, desde el personalismo de Emmanuel Mounier, definiendo al hombre como un ser singular, irrepetible, autónomo, libre en apertura y trascendente. Esto no está mal; sin embargo, es necesario hacernos otras preguntas con este tipo de hombre: ¿qué clase de sociedad queremos construir? ¿En qué valores sociales formar a nuestros educandos?

El hombre no es tan sólo un ser singular, irrepetible, autónomo, libre y trascendente, es también un ser histórico, social y cultural.

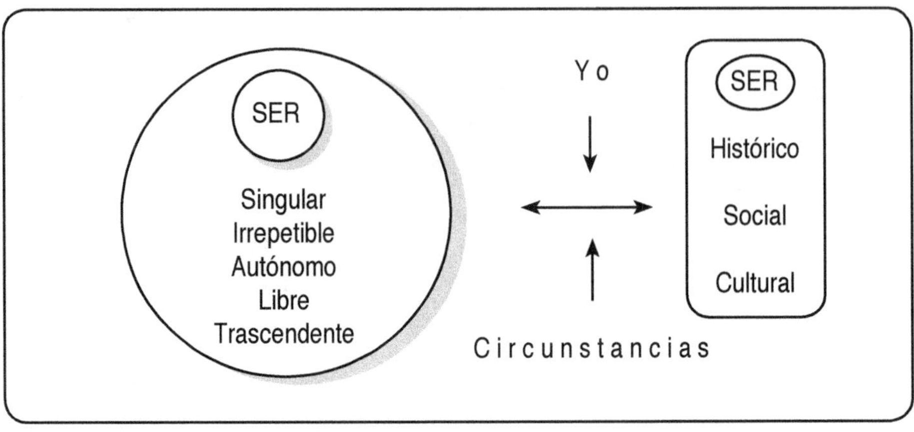

La educación debe constituirse en el proceso más adecuado para formar este tipo de hombre integral, pues es a través de ella que se recrean los modos de pensar, sentir y de actuar de las personas que son las encargadas de las transformaciones de la realidad y, el currículo debe favorecer este proceso.

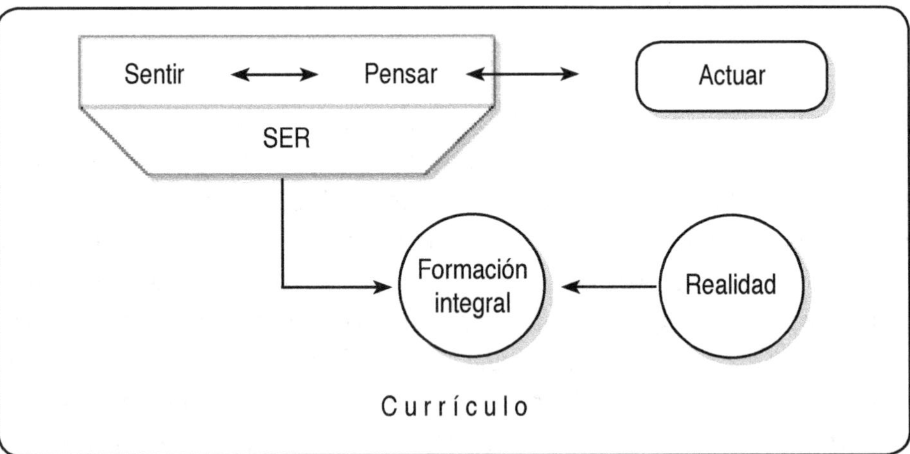

Las ideas, los valores, los sentimientos y las costumbres que definen la identidad de una sociedad, definen también el tipo de hombre que desde ésta y para ésta debe formarse en los centros educativos, pues es a través de las prácticas educativas expresadas en el currículo, que la sociedad asegura su cohesión, continuidad y desarrollo, es decir su unidad, identidad y madurez en el tiempo y en el espacio.

En estos tiempos de posmodernidad, todos los países, entre estos los latinoamericanos, han entrado a formar parte del gran sistema mundial con interrelaciones políticas, económicas, sociales y culturales.

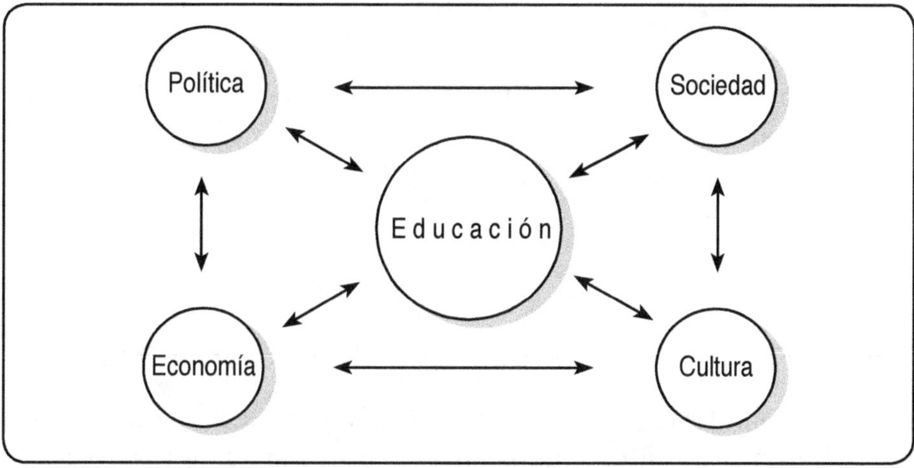

Dentro de este sistema universal y continental se busca hoy rescatar las dimensiones culturales, históricas y sociales del hombre, pues su trascendencia no es sólo consigo mismo, con el mundo y con Dios, sino también con los otros seres humanos que en familia, comunidad o grupo social, se desarrollan cotidianamente.

El hombre como proyecto, mediante un adecuado proceso de educación y de gestión curricular de los centros de formación, debe apropiarse críticamente de las creaciones culturales, producto del devenir histórico y de los contextos sociales: la ciencia, el saber, la tecnología, la técnica, la organización política, económica, social y las costumbres, normas, valores y creencias.

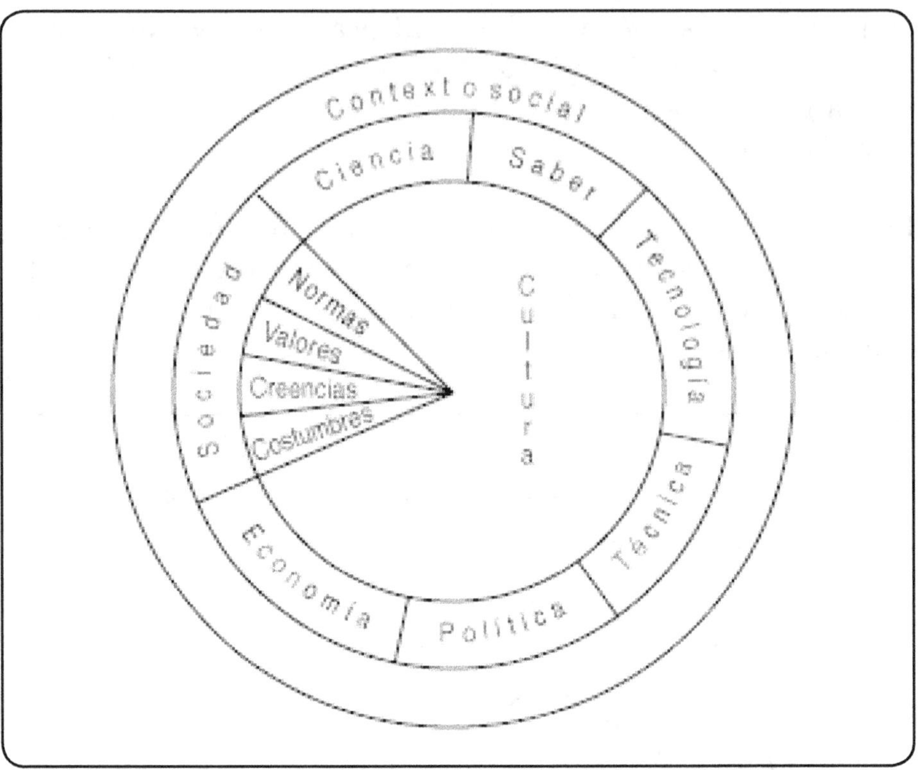

Por todo lo anterior, los centros educativos de todo carácter y nivel deben ofrecer alternativas curriculares para que los procesos y Proyectos Educativos Institucionales, formales e informales, le permitan convertirse en verdaderos proyectos culturales.

Éste podría ser un centro educativo convertido en un verdadero proyecto cultural, gracias a una visión diferente del currículo:

a. Si es autogestionario, porque de cara a la realidad trabaja con ella, recupera la dimensión comunitaria y le da participación a todos los agentes educativos a través de su gobierno escolar.

b. Si es protagónico, porque asume el papel de rescatar la identidad cultural a través de la comunicación y la participación.

c. Si es comprometido, porque rescata la tradición, las costumbres, las historias de las comunidades, y busca consolidar la identidad cultural nacional.

d. Si es laborioso, porque elabora proyectos con la comunidad y para beneficio de esa comunidad.

e. Si está renovado, porque con una nueva concepción filosófica y una nueva práctica pedagógica, modifica la concepción tradicional de la educación y abre nuevas alternativas educativas desde las comunidades escolares, educativas y locales, dando un lugar muy especial y preponderante a la familia como núcleo social y agente educativo por excelencia.

f. Si es productivo, porque construye un hombre nuevo, con nuevos retos y respuestas, un hombre sensible, interesado por la suerte de la familia y la comunidad, por la problemática de la colectividad, por las dificultades de los individuos y de los grupos sociales, interesado y preocupado por las crisis que azotan nuestros países y dispuestos a contribuir con su aporte reflexivo y solidario a disminuir los males que afectan a la sociedad que él construye con su acción participativa.

g. Si es democrático, porque educa en la democracia y redefine el poder y la autoridad recuperando a la institución como centro dinamizador de las potencialidades y posibilidades de transformación de la escuela, la familia, el barrio y la comunidad, y así de la región y el país.

h. Si es crítico, porque comprometido, identifica necesidades y posibilidades en su zona de influencia y se deja permear por ellas y las integra a su cotidianidad para darle solución desde la colectividad de forma democrática y organizada.

i. Si es liberador y emancipador, porque genera los procesos adecuados para una educación humanizadora, de calidad y capacita a sus educandos y docentes para solucionar los problemas que los aquejan como personas y como integrantes de un grupo social.

j. Si es innovador, porque desde su Proyecto Educativo Institucional genera cambios que permiten mejorar la calidad de los procesos educativos y de sus resultados.

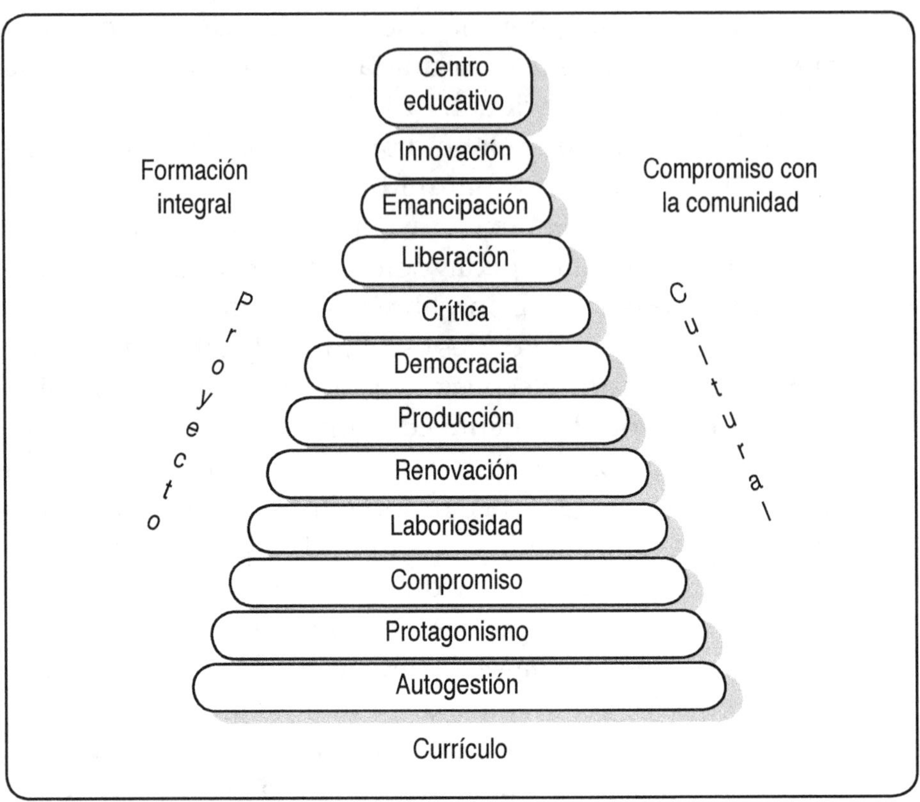

Los centros educativos deben educar al hombre en sus potencialidades y valores, pero también en todas sus dimensiones: espiritual, intelectiva, comunicativa, psicobiológica y socioafectiva, y
en relación con esta última, en sus dimensiones histórica, social
y cultural.

Para que estos centros en verdad puedan propiciar y adelantar
estos procesos educativos relacionados con la dimensión social del
hombre, es de vital importancia generar desde el currículo oculto,
los espacios de capacitación, actualización y perfeccionamiento
de los docentes, no sólo en las áreas del saber (de acuerdo con los
objetos de conocimiento que manejan los docentes según su disciplina académica), y en las diferentes dimensiones de los procesos
educacionales (administración educativa, currículo, evaluación,
pedagogía, didáctica, tecnología, etc.), sino, en primera instan-
cia, los que permitan rescatar la vocación educadora y la acción

pedagógica; esto se logra si se vivencian las siguientes actitudes pedagógicas:

* La capacidad de relación con Dios y lo trascendente.
* La responsabilidad.
* El sentido equilibrado de la realidad.
* El autocontrol.
* La percepción madura de sus propias capacidades.
* La capacidad de dominio personal.
* La fuerza moral.
* La perseverancia en el ánimo.
* La serenidad y la ecuanimidad.
* La disciplina personal y la disponibilidad de escucha.
* El acompañamiento y la convivencia permanente con sus estudiantes.
* La apreciación valorada de las cosas y de los juicios emitidos.
* El conocimiento científico y pedagógico.
* La capacidad crítica.
* El discernimiento y la disponibilidad a la colaboración y al servicio.

Un educador con estas actitudes, expresadas en comportamientos que den testimonio de su vivencia axiológica, sería la piedra angular de un sistema educativo que propende por la formación integral de sus estudiantes.

Las instituciones educativas deben buscar la forma de lograr que sus maestros desarrollen estas actitudes, pues las facultades de educación se dedicaron a las áreas del saber y a las tareas del quehacer y se olvidaron completamente del ser.

Los invitamos a la reflexión sobre esta problemática de educar al hombre para sus circunstancias y de encontrar o formar a los verdaderos maestros que sean facilitadores de este proceso con su vocación educativa y su verdadera profesionalización docente. El currículo para la formación continua de educadores en las Instituciones Educativas es una urgencia.

Autoevaluación y acreditación del centro educativo como pro···→yec···→to cultural:

Para evaluar si los centros educativos en realidad están convirtiéndose en verdaderos proyectos culturales es necesario responder a las siguientes preguntas:

* ¿El centro educativo ha definido claramente el tipo de hombre y de mujer que quiere formar?

* ¿El centro educativo ha definido claramente el tipo de sociedad que quiere construir desde la educación que promueve y ofrece?

* ¿Hay coherencia entre el modelo antropológico elegido y el tipo de sociedad soñada?

* ¿El modelo axiológico propuesto permite desarrollar los principios, valores, actitudes y comportamientos que demanda formar este tipo de hombre y de mujer para este tipo de sociedad?

* ¿Los valores humanos y sociales están explícitos en el Proyecto Educativo Institucional y hay coherencia entre ellos?

* ¿El tipo de hombre y de mujer por formar son pertinentes y responden a las necesidades históricas, sociales y culturales en las cuales se contextualiza el centro educativo y a las cuales hay que darles respuesta desde la educación?

* ¿Hay coherencia entre el sentir, pensar y actuar del centro educativo con el sentir, pensar y actuar de la comunidad y el primero responde a las necesidades de ésta?

- ¿Las prácticas pedagógicas del centro educativo permiten a la comunidad local asegurar su cohesión, continuidad y desarrollo, de acuerdo a las tradiciones, herencias culturales, idiosincrasia y formas de sentir, pensar y actuar de la misma?

- ¿Las prácticas pedagógicas y el Proyecto Educativo Institucional le permiten a los educandos del centro educativo apropiarse críticamente de las creaciones culturales, de la ciencia, la tecnología, la técnica, la organización política y las costumbres, normas, valores y creencias propias de la comunidad?

- ¿Es el centro educativo autogestionario, protagónico, comprometido, laborioso, renovado, productivo, democrático, crítico, liberador, emancipatorio e innovador?

- ¿Se reflejan estos valores del centro educativo en la práctica social y en el compromiso con la comunidad local y regional?

- ¿Las prácticas pedagógicas, didácticas, curriculares, administrativas y evaluativas del centro educativo reflejan compromiso con la cultura, la promueven y la preservan?

- ¿Los directivos docentes y los docentes son líderes transformacionales que desde la práctica pedagógica y desde el aula y los espacios y escenarios de formación, permiten convertir el centro educativo en un verdadero proyecto cultural?

- ¿Son los educadores autogestionarios, protagónicos, comprometidos, laboriosos, renovados, productivos, democráticos, críticos constructivos, liberadores, emancipatorios e innovadores?

Responder a estos interrogantes nos permite autoevaluar a los centros educativos y acreditarse frente a la urgente tarea de convertirse en verdaderos proyectos culturales que respondan a las necesidades contextuales.

LA EVALUACIÓN DE LOS CENTROS EDUCATIVOS DESDE LA PERSPECTIVA DE LA PERSONALIZACIÓN Y LA ATENCIÓN INDIVIDUALIZADA

Hoy en día las diferentes corrientes educativas y los diversos modelos de enseñanza y aprendizaje, incluso los instruccionales, se orientan hacia el mejoramiento de los recursos didácticos y metodológicos con fundamentaciones psicopedagógicas, científicas y, por qué no decirlo, epistemológicas, que faciliten en los discentes no sólo un ambiente propicio para el desarrollo de los distintos niveles de memoria y pensamiento (aprendizaje), sino también despertar valores y generar aptitudes y actitudes eminentemente formativas.

Hoy se pretende que el educando, sujeto de la educación, en cualquier estadio de su desarrollo psicogenético, se convierta en un autogenerador de la dinámica creadora y restauradora de conductas y valores que lo motive a ser una persona autónoma y singular, a ejercer la libertad y la disciplina individual y social, a buscar el equilibrio entre el desarrollo físico y mental, a conocer la realidad por su aproximación investigativa, a utilizar su juicio crítico y libertad de opción y a escoger los principios éticos, morales y espirituales que orienten su cotidianidad y sus perspectivas.

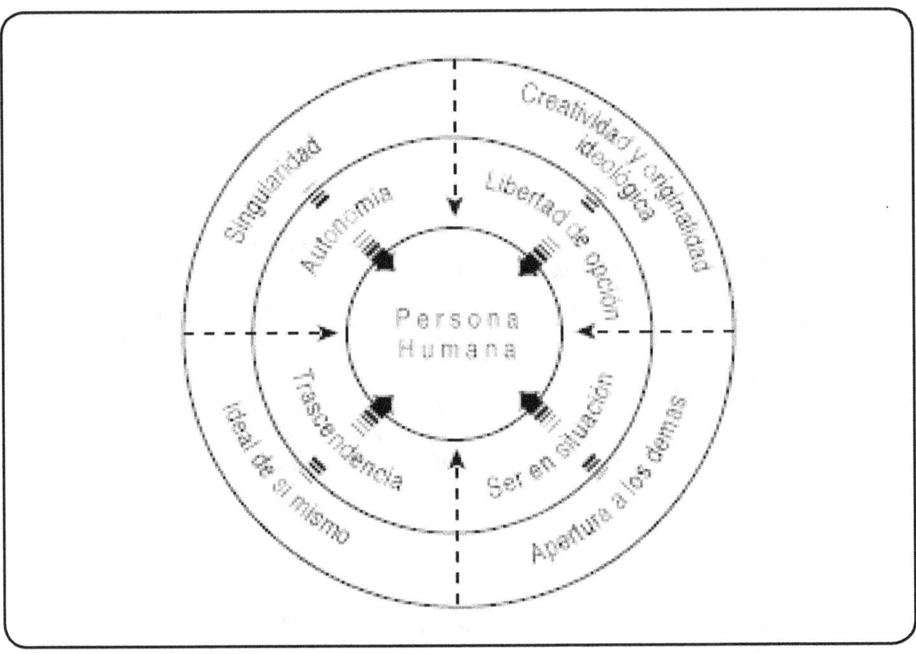

La educación individualizada, como teoría educativa, debe centrar sus principios básicos y objetivos en reconocer al hombre como ser autónomo (con libertad de opción), singular (creativo y original), trascendente (ser en situación y en relación con Dios, el hombre y el mundo, con ideales de sí mismo), y en apertura (es un ser con otros), en torno a los cuales (principios y objetivos) debe orientar los recursos, actividades, procesos, eventos y momentos docentes-discentes para el desarrollo no sólo intelectivo, psicomotriz y afectivo de los estudiantes, sino de sus potencialidades y valores.

Sin embargo, con seguridad los educadores nos hemos preguntado alguna vez: si la persona debe proyectarse como individuo mediante su acción propia en su medio social, ¿qué podría hacer la educación individualizada para facilitarlo?… y...

Si la educación individualizada soluciona totalmente, o en parte, el problema, ¿cuál es la función del educador y de la escuela en esta propuesta?

En el primer caso, si somos educadores conscientes de que la persona debe proyectarse como individuo en su medio social mediante su acción propia... y si por naturaleza la educación es obra personal, lo lógico es canalizar esfuerzos para educar en esta línea, recurso valioso para desarrollar en el educando su capacidad de adaptación activa, cierto grado de motivación intrínseca, su personalidad, su libertad y creatividad (manifestaciones de la autonomía, singularidad, apertura y trascendencia); sin embargo, cabe otra pregunta: ¿cómo?

Se educa en la adaptación activa cuando se configura a cada persona según sus destinos naturales, y en conformidad con sus posibilidades y limitaciones y se orientan las experiencias e ideas hacia el enriquecimiento de toda la personalidad y no sólo del desarrollo intelectual, problema que presentan los modelos instruccionales comunes en nuestros centros de enseñanza en los niveles primario, secundario y universitario.

Se educa en la motivación intrínseca cuando se hace posible un sistema en el que se estimule verdaderamente a la persona; es así como la insuficiencia natural del educando se compensa si el educador con estímulos personalizantes e individualizadores motiva psicológica, metodológica y didácticamente el proceso de aprendizaje.

Se prepara y se educa para la responsabilidad cuando desarrollamos en el educando la capacidad de juzgar, valorar y decidir, ya que la educación de la persona se apoya principalmente en hacer comprender a la inteligencia y dar motivos que arrastren a la voluntad, según su jerarquía de valores, la cual se ajusta a ideales reconocidos de vida.

Se educa en la libertad cuando al educando se le permite adquirir su plenitud de dignidad, descubriéndola en sí mismo y actuando en conformidad con ella. Esta libertad se fundamenta en el conocimiento de las realidades que se deben elegir y en la ausencia de coacciones en la voluntad de quien opta y elige.

Se educa en la creatividad cuando se forma a la persona no en la disposición de su mente para memorizar, recordar, evocar y reproducir, sino para averiguar, investigar cuáles son los mejores medios, actividades y métodos para conseguir sus propios objetivos (realización del proyecto de vida). No se trata, pues, de educar para almacenar ideas, sino por el contrario, formar la mente para generarlas.

Si por naturaleza la educación es obra personal y se educa en la medida en que se desarrolle en el educando su capacidad de adaptación, su motivación intrínseca, su responsabilidad, libertad y creatividad, el educador (facilitador y mediador de aprendizaje y promotor de la formación personal del educando) debe dar respuestas nuevas a las diferentes situaciones nuevas del continuo devenir, debe estar motivado vocacionalmente en el ejercicio de su profesión docente, ser responsable, libre (autónomo con capacidad de opción) y creativo (original, singular, ideólogo en su quehacer educativo)... Es, pues, el testimonio vivencial que refleja, la personalidad del educador, la piedra angular para la construcción de la personalidad del alumno.

A pesar de esto, el individuo es un ser con otros, es un ser social, por esto en la educación es fundamental proyectar la formación de la persona del educando hacia la sociabilidad. Se educa en ella cuando los elementos curriculares orientan las acciones docentes, de tal manera que se permita respirar un clima de colaboración, servicio y liderazgo; colaboración que responde a la imperiosa necesidad que tiene el hombre de encontrar sus semejantes (para bien); servicio como desarrollo del aspecto más importante de la colaboración (altruismo) y sano liderazgo como la necesidad de despertar cualidades y actitudes de dirección, porque aprender a dirigir a los demás es una de las formas de aprender a dirigirse a sí mismo como camino de formación humana.

Sin embargo, estos elementos si no son movidos por la acción, la persona que los tiene no se compromete... y... ¿cómo educar en el compromiso?, ¿en la acción?

Se educa en el compromiso y la acción cuando se forma a la persona para que sea autónoma, programadora, eficaz y selectiva.

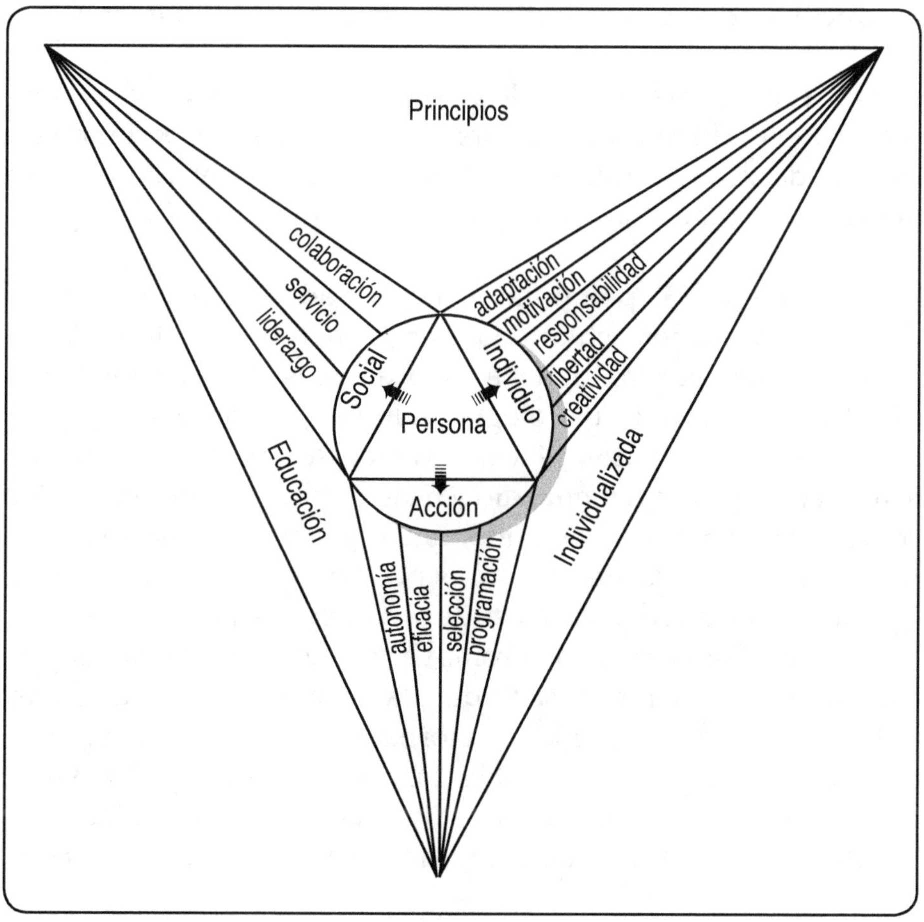

Se educa en la autonomía cuando se fomenta la seguridad en sí mismo, permitiendo al educando normalizar su comportamiento, profundizar los valores exógenos y desarrollar todas sus capacidades caracterizadoras, entre ellas, en primer término... la libertad de opción, elección y decisión.

Se educa en la programación cuando, respetando el proyecto de vida del educando, se facilita un clima propicio para que éste, habiendo establecido un perfil de sí mismo, se plantee sus objetivos mediatos e inmediatos y diseñe sus métodos y recursos para el desarrollo de sus actividades que le permitan dar respuesta a su proyecto de vida en la medida en que se realice.

Se educa en la eficacia cuando se crean criterios y condiciones de productividad, eso sí, distintos del concepto de utilitarismo.

Se educa en la selección cuando se fomentan las actividades críticas promoviendo la reflexión, la interiorización y el despertar de un sistema de valores. Sólo así la persona puede proyectarse como *individuo,* mediante su *acción* propia en su medio *Social.*

Cabe aquí repetir la pregunta: ¿Cuál es, pues, la función del educador? El educador actual debe ser primero que todo *mediador del aprendizaje,* por tanto, debe conocer a sus alumnos mediante estudios profundos de psicología evolutiva y del aprendizaje para así diseñar los métodos y elegir los recursos apropiados que en actividades eminentemente didácticas faciliten el dominio de los contenidos teóricos; y, segundo, debe ser un *promotor* de la formación personal del educando, es por esto que debe orientar su quehacer educativo para hacer de sus alumnos personas activas y sociables. Para esto debe promover el desarrollo de la adaptación individual, la responsabilidad, las motivaciones endógenas, la libertad, la creatividad, la autorrealización, la autonomía, el descubrimiento personal, la eficacia, la colaboración y el servicio, etc.; es decir, debe educar en la individualización, actividad y sociabilidad, tratando de que el educando sea él mismo y se integre, comprometido activamente a la comunidad. Para ello, el educador debe ser el perfil del educando... testimonio.

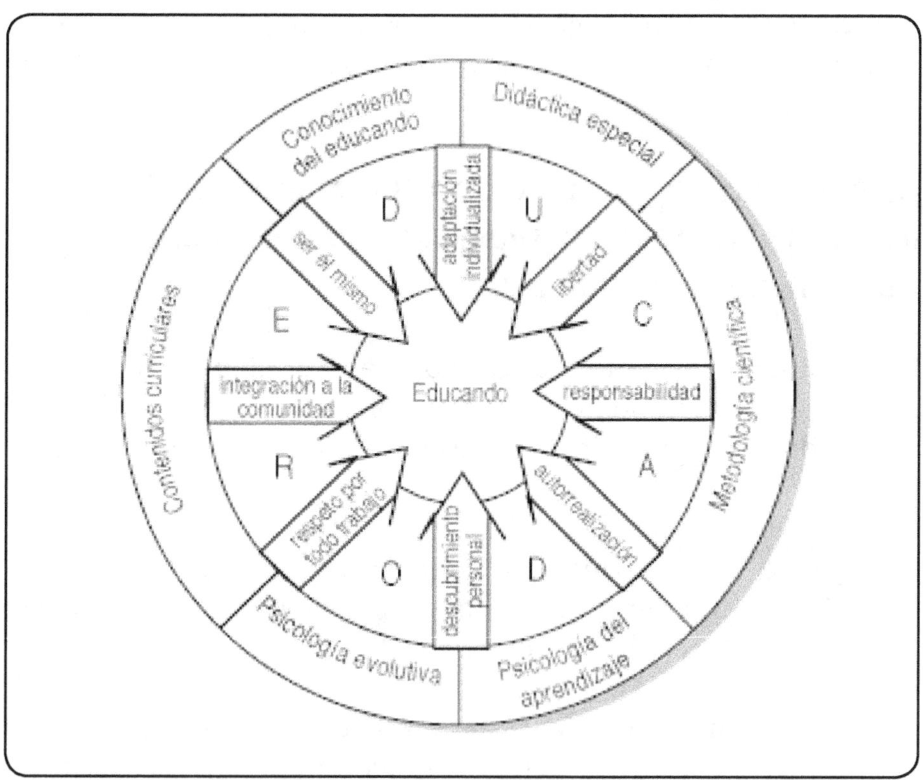

Si la educación individualizada atiende estos aspectos antes que la instrucción, es un valioso estilo educativo que permite el desarrollo de actitudes personalizantes y, por tanto, el crecimiento de la persona humana en sus potencialidades y valores. Todo educador comprometido debe conocer sus principios básicos y objetivos y buscar en ellos un pretexto para su pensar pedagógico y un elemento para su praxis educativa.

Cabe recordar la frase: "Las cosas están para servirle al hombre y no el hombre para servirle a las cosas" y formularnos esta pregunta: ¿Por qué, pues, las escuelas, colegios y universidades, incluso las que se denominan de educación individualizada y personalizada, son tenebrosos lugares en los que los estudiantes desarrollan programas académicos y no centros verdaderamente educativos en los que estos programas sean tan sólo un recurso para desarrollar la persona del educando? Vale la pena reflexionar, replantear nuestro pensar pedagógico y rediseñar nuestra praxis educativa...

Autoevaluación y acreditación del centro educativo desde la pers···→pec···→ti···→va de la personalización y la atención individualizada:

Para evaluar si el centro educativo es en realidad un centro que promueve a la persona y atiende de forma individualizada a sus educandos, es necesario dar respuesta a las siguientes preguntas:

*   ¿En el centro educativo se promueve el desarrollo de la singularidad, la originalidad, la autonomía, la apertura y la trascendencia en los educandos?

*   ¿En el centro educativo están estructurados y sistematizados los proyectos pedagógicos, las actividades y las estrategias metodológicas que permiten formar a los educandos en estas características?

*   ¿El centro educativo promueve en los educandos la capacidad de adaptación activa, la motivación intrínseca, el desarrollo de la personalidad, la libertad (de opción, elección y decisión) y la creatividad?

*   ¿En el centro educativo están estructurados y sistematizados los proyectos pedagógicos, las actividades y las estrategias metodológicas que permiten formar a los educandos en estas características individuales?

- ¿En el centro educativo se promueve la formación en la solidaridad y se desarrollan la actitud de servicio, la fraternidad, la equidad, la justicia, el compañerismo, el altruismo y el compromiso en los educandos?

- ¿En el centro educativo están estructurados y sistematizados los proyectos pedagógicos, las actividades y las estrategias metodológicas que permiten formar a los educandos en estas características del ser social?

- ¿En el centro educativo se promueve la formación de líderes transformacionales comprometidos con la comunidad y con la resolución de los problemas que en ella se presentan?

- ¿Existe en el centro educativo un programa especial para la formación de líderes?

- ¿En el centro educativo se promueve la orientación vocacional y se vela por el proyecto de vida de los educandos?

- ¿Existe en el centro educativo un programa especial de exploración vocacional y de orientación profesional para canalizar las actitudes y aptitudes de los educandos, desde su ser, para el saber y el saber hacer?

- ¿En el centro educativo se promueven la eficacia, la reflexión, la crítica constructiva, el análisis, la interiorización y las actitudes y aptitudes investigativas en los educandos?

- ¿Existen en el centro educativo las estrategias pedagógicas para desarrollar estas potencialidades y capacidades en los educandos?

- ¿Están sistematizadas las estrategias didácticas para apoyar desde las áreas del conocimiento el desarrollo de estas potencialidades y capacidades en los educandos?

- ¿Es el centro educativo un espacio de personalización, de respeto profundo a la individualidad de los educandos y dignifica a quien se forma en él?

- ¿Están definidos en el centro educativo los criterios, indicadores e instrumentos de evaluación para hacerle seguimiento al proceso de personalización de los educandos?

Responder a estos interrogantes nos permite evaluar si en realidad el centro educativo personaliza, respeta las individualidades y apoya la exploración vocacional y la orientación profesional y está generando los espacios y escenarios apropiados para el desarrollo del proyecto de vida de los educandos.

Responder a estos interrogantes nos permite entonces autoevaluar si el centro educativo promueve la personalización y ofrece atención individualizada, rediseñar procesos si no lo hace y acreditarse, frente al desarrollo humano, si lo hace.

LA EVALUACIÓN DE LA GESTIÓN MACROCURRICULAR DE LOS CENTROS EDUCATIVOS

Los países latinoamericanos han entrado en el proceso de mejorar su calidad educativa, no sólo por la noble intención y vocacionalidad de los educadores de todo carácter y nivel, sino porque al fin existe voluntad política por darle a la educación el merecido puesto que le corresponde dentro del proceso de construcción de los países y mejoramiento de las condiciones culturales. Los procesos renovadores, en realidad humanizadores, personalizadores y emancipatorios, podrán poner en práctica el anhelado propósito de convertir a la escuela en un verdadero proyecto cultural.

Las reformas educativas ofrecen un camino nuevo, de calidad -por lo menos en sus intenciones y planteamientos-, de cara al futuro, para enfrentar desde la educación el reto del siglo XXI.

Se han planeado una reformas educativas de largo alcance, con planteamientos profundos que permiten superar en parte los numerosos obstáculos que le han impedido al sector educativo latinoamericano ofrecer un verdadero sistema de formación con calidad total.

Podríamos analizar algunos de los más importantes y significativos aportes de las nuevas leyes que nos permiten, con optimismo, tener sueños, esperanzas educativas, mover voluntades hacia los procesos de formación integral de los latinoamericanos.

Estos son:

1. Se concibe a la educación como un proceso de formación permanente, personal, cultural y social que se fundamenta en una concepción integral de la persona humana, de su dignidad, de sus derechos y de sus deberes.

2. Se cambia el sentido convencional, tradicional e instruccional de los procesos educativos, que durante muchos años se han desarrollado en nuestros sistemas educativos.

3. Se centra el proceso educativo formativo en el desarrollo de potencialidades de la persona humana, concibiendo previamente los modelos antropológicos y sociales que se traducen en una cultura de la dignificación humana y la personalización.

4. Se acompañan los fundamentos antropológicos-axiológicos-sociológicos de nuevos elementos para el servicio educativo, su prestación, de calidad y cubrimiento, y se traducen en fines educativos, planteando las implicaciones de su realización desde las perspectivas de la comunidad educativa, la familia y la sociedad.

5. Se reglamenta la estructura del servicio educativo y con ella también se define:

- La educación formal (niveles, servicios, objetivos).
- La educación no formal (finalidad, oferta, fomento y reglamentación).
- La educación informal (misión y sistemas nacionales de educación masiva).
- La educación para personas con limitaciones o con capacidades excepcionales (su forma de integración al servicio educativo, su apoyo y fomento).
- La educación para adultos (objetivos, programas y prospectivas).
- La educación para grupos étnicos (principios y fines).
- La educación campesina y rural (fomento y proyectos).
- La educación para la rehabilitación social.

Esta estructura amplía la cobertura de los sistemas educativos latinoamericanos y mueve intereses humanizadores y socializadores antes descuidados.

6. La estructura del sistema educativo y las modalidades de atención educativa a las poblaciones proporcionan una nueva organización para la prestación del servicio educativo, traducida en planes nacionales de desarrollo, viabilidad de creación de proyectos educativos institucionales y los sistemas nacionales de acreditación e información.

7. Los nuevos conceptos de currículo, autonomía escolar y evaluación, lo mismo que la organización administrativa del servicio educativo, resultan medidas beneficiosas y útiles para los latinoamericanos, particularmente para aquellos que se están educando.

8. La nueva concepción de educando, ya no de alumno, y de educador, facilitador y mediador y no de profesor, instructor o docente, y la posibilidad de que ellos participen activamente en sus propios procesos de desarrollo personal, de su propia formación integral y de la construcción y desarrollo de su propio proyecto de vida y de la institución educativa

en la cual se forma, son también concepciones y aportes muy convenientes.

Considero que se ha abierto el camino a la calidad de los procesos formativos en latinoamérica y a la dinámica de administrar con calidad total todas las dimensiones de la problemática educativa de nuestros países que siempre se habían dejado de lado, pues la educación se convirtió en resultado del manejo político y de las condiciones socioeconómicas de los pueblos, y no en un verdadero dinamizador del mejoramiento de las condiciones humanas, sociales y culturales de los mismos.

Los nuevos fines de los sistemas educativos

Todas las reformas educativas latinoamericanas, sus fundamentos, sus enfoques, sus principios, sus políticas, sus propuestas y estrategias pedagógicas, están pensadas para mejorar la calidad educativa, inspiradas teleológicamente en la consecución de los siguientes fines:

a. Desarrollar integralmente a los educandos.
b. Rescatar el respeto por la vida personal, social, por los valores y derechos humanos y comunitarios.
c. Valorar y promover la participación ciudadana.
d. Respetar la ley, la patria, sus símbolos, la idiosincracia y la cultura de los diferentes países.
e. Desarrollar la capacidad intelectiva, la ciencia, la tecnología, las manualidades y las artes.
f. Respetar la cultura e identidad nacional y sus etnias.
g. Estimular y promover la investigación y la creatividad artística.
h. Crear y fomentar la conciencia ciudadana, la solidaridad y la apertura e integración.
i. Desarrollar el juicio crítico, la capacidad de análisis y síntesis y la creatividad de los educandos.

j.   Conservar, proteger y mejorar el medio ambiente y sus recursos y la calidad de vida.

k.   Formar en la práctica laboral, desarrollar competencias y cualificar desempeños.

l.   Promover y preservar la salud física y mental, la higiene personal y comunitaria.

m.   Desarrollar la tecnología en relación con el sector productivo.

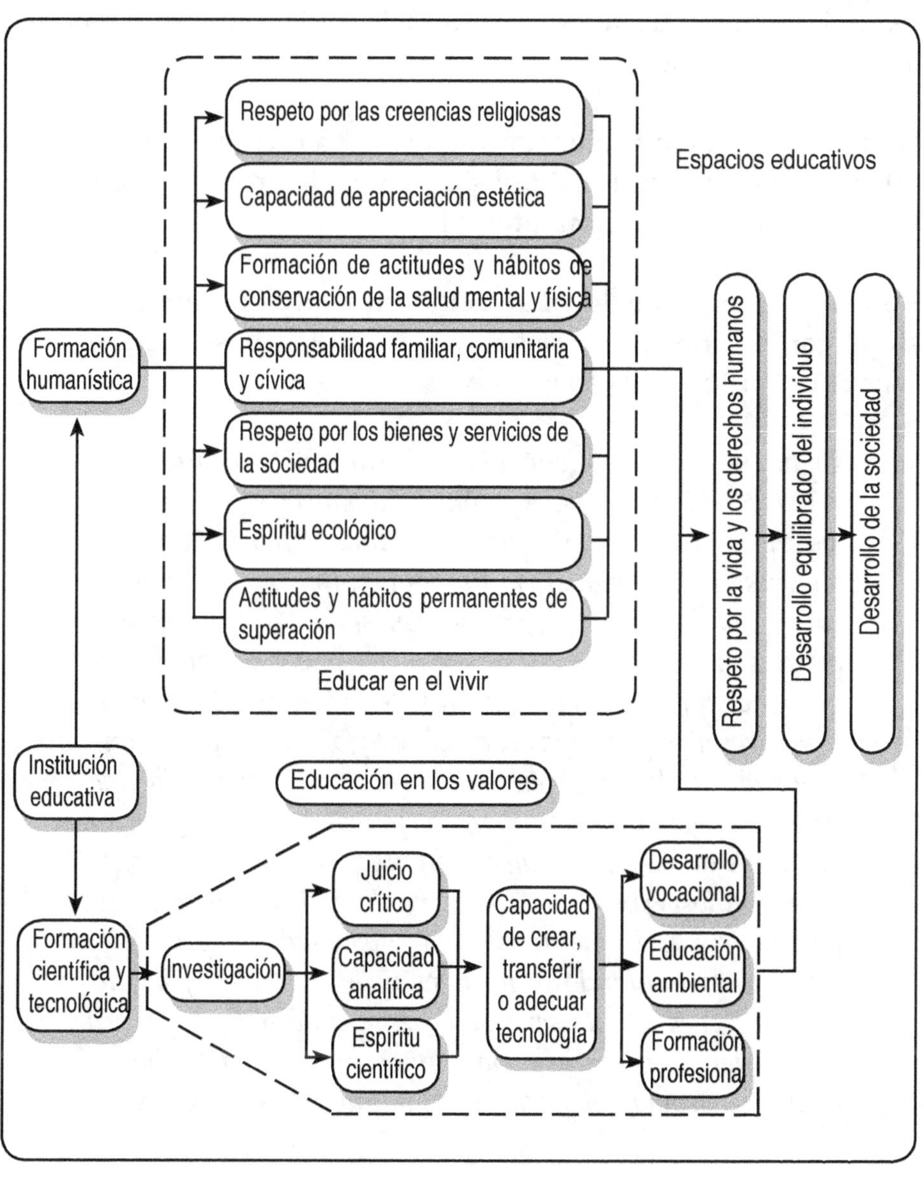

Necesidad de una nueva propuesta curricular

Conociendo los nuevos fines de la Educación y de la renovación educativa, los problemas que la educación en general debe solucionar y atender, la urgencia de la construcción de proyectos educativos institucionales que respondan a estos problemas y se contextualicen en la renovación educativa, es urgente crear propuestas curriculares que respondan fundamentalmente a los requerimientos educativos de calidad definidos para latinoamérica a principios de éste.

Esta propuesta curricular no puede ser tradicional y debe estar interpretando y dando respuesta a todos los requerimientos de una verdadera formación integral.

Podemos interpretar la renovación educativa latinomericana y sintetizar los fines de los sistemas educativos, basándonos en un escrito del autor de estas líneas:

> *En buena hora se solicitó a las instituciones educativas que velen por la formación no sólo académica —en el mejor de los casos científica— de sus estudiantes, sino también por su formación humanística. Pues a pesar de que es necesario educar en el pensar y lograr la génesis del juicio crítico, la capacidad de análisis y el espíritu científico mediante la investigación para poder crear, transferir, adecuar tecnologías con miras al desarrollo vocacional y la formación profesional de los educandos; también es importante educar para la vida, para el desarrollo de las características personales, en un ambiente de respeto por las diferentes creencias religiosas y de estímulo permanente al desarrollo de las características personales, de la mente y de la capacidad de apreciación estética, estimulando la formación de actitudes y hábitos que favorezcan la conservación de la salud mental y física, promoviendo la participación consciente y responsable del estudiante como miembro de su familia y de su grupo social*

para fortalecer vínculos en su entorno y favorecer el desarrollo de su identidad y progreso social, formando el espíritu de defensa (conservación, recuperación y utilización racional) de los recursos naturales (espíritu ecológico) y de los bienes y servicios de la sociedad, promoviendo actitudes y hábitos permanentes de superación que motiven a la persona a continuar su educación a través de su vida. Sólo así se vive el respeto por la vida y los derechos humanos y se logra un desarrollo equilibrado de los individuos y de la sociedad.

(Giovanni Iafrancesco, 1999)

La educación en los valores centra el proceso de formación en la persona del educando; éste es el principio del cambio educativo, pues si ya no son los contenidos programáticos el por qué de la educación (en realidad instrucción), es la persona del alumno el núcleo generador de todo plan, programa, actividad, modelo o recurso escolar.

Lo expuesto nos obliga a revisar y rediseñar nuestros enfoques y modelos curriculares e incluir, en una nueva propuesta de currículo, todo el proceso formativo, todo espacio educativo y pedagógico que propenda por el desarrollo de potencialidades y valores del educando y ponerlo al servicio de la institución educativa en la que realicemos nuestra praxis educativa.

Es necesario proponer un modelo macrocurricular personalizante que permita, a través de su aplicación, seguimiento y evaluación, acercarnos, poco a poco, operacionalmente, al logro de los objetivos propuestos en los fines de la educación latinoamericana con repercusión en el mejoramiento de la calidad educativa y la vivencia de valores verdaderamente personalizantes.

Este modelo lo he puesto en marcha en diferentes instituciones y en su seguimiento se ha notado que no sólo es viable, sino necesario.

Propuesta del modelo macrocurricular

El modelo macrocurricular propuesto para operacionalizar la renovación educativa es el siguiente:

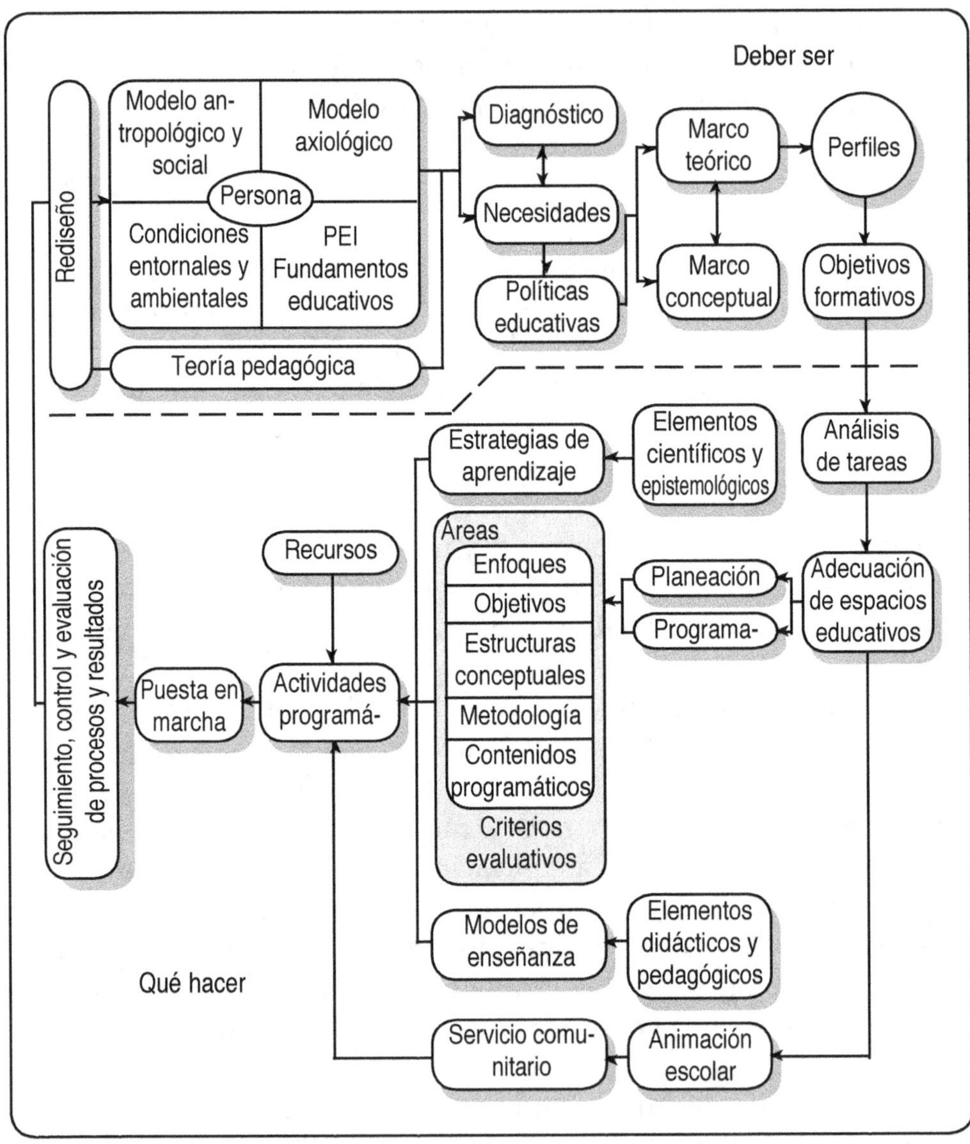

Líneas de acción para el desarrollo del modelo macrocurricular propuesto

Éstas son las líneas de acción para el desarrollo de este modelo macrocurricular:

1. Preparación del personal docente de las instituciones educativas en teorías pedagógicas que centren la praxis educativa con enfoque antropológico.
2. Establecimiento de los principios filosóficos y marco doctrinal propio de la institución acorde con el modelo antropológico y axiológico.
3. Identificación de las condiciones educativas del entorno para las cuales se forman educandos a los que debe darse respuesta a corto y largo plazo.
4. Estudio sistemático de las políticas educativas emanadas de los Ministerios de Educación, sus fines, fundamentos, principios e implicaciones para adecuación de los modelos curriculares actuales, buscando la operacionalización de los elementos de la renovación curricular (enfoques, objetivos, estructuras conceptuales programáticas, metodologías y demás aspectos que constituyen el Proyecto Educativo Institucional).
5. Formulación de una teoría pedagógica producto de los elementos anteriores –equivalente en el PEI al estilo educativo particular institucional– que sirva de marco de referencia para interpretar la planeación de un diagnóstico educativo.
6. Elaboración de diagnósticos educativos a la luz de la teoría formulada.
7. Análisis de las necesidades detectadas para orientar la adecuación de todos los elementos macrocurriculares.
8. Planteamiento de las políticas educativas como respuesta a las necesidades detectadas dentro del modelo antropológico elegido, los principios filosóficos y marco doctrinal de la institución, y los fines de la educación adecuados a las necesidades del entorno.

9. Elaboración de los marcos teórico y conceptual en torno a los cuales se inspira e interpreta toda labor pedagógica, metodológica, científica y educativa.

10. Elaboración del perfil, tanto del educador como del educando para poder operacionalizar el proceso.

11. Formulación de objetivos generales y específicos para orientar la formación de los educandos hacia la línea del perfil definido.

12. Análisis de tareas macrocurriculares con un enfoque sistémico, orgánico y estructural.

13. Adecuación de espacios educativos para el logro de los objetivos propuestos. Diseño de los objetivos propuestos y del plan de actividades educativas verdaderamente personalizantes.

14. Adecuación de los contenidos programáticos, enfoques, objetivos, estructuras conceptuales, contenidos y metodologías para el desarrollo del perfil descrito. Estructuración de los contenidos programáticos que atiendan al desarrollo de la educación en el pensar y para la vida y la convivencia, definiendo y determinando los elementos que los componen con sus funciones y relaciones.

15. Selección de estrategias de aprendizaje y de modelos de enseñanza dentro de la promoción de la formación personal del educando, en un proceso valorativo (sistema axiológico definido).

16. Planeamiento de actividades programáticas acordes con los espacios educativos, pedagógicos, de animación escolar y servicio comunitario (práctica social) propuesto y en coherencia con las estrategias seleccionadas (enseñanza y aprendizaje).

17. Diseño de recursos y métodos para el desarrollo de las actividades propuestas.

18. Puesta en marcha del proyecto acorde con los planes y programas establecidos. Aplicación de los modelos propuestos, seguimiento al proceso y evaluación de resultados con miras al rediseño y perfeccionamiento epigenético de todo elemento curricular.

Con este modelo macrocurricular se pretende que las instituciones educativas que los implanten se conviertan en centros en los que los programas académicos sean tan solo un recurso para desarrollar la persona del educando, y no solamente centros de instrucción. Es una posible respuesta a los problemas que aquejan a la educación latinoamericana y que vela por el desarrollo de la persona del educando: principio del cambio educativo y motor de la renovación curricular.

Proceso de evaluación del modelo macrocurricular

Entendemos aquí por evaluación macrocurricular al proceso de seguimiento a todas y cada una de las actividades, estrategias, planes, programas, momentos, eventos educativos y pedagógicos que permiten interpretar el logro o no de los objetivos propuestos, a la luz de un perfil, acordes con los principios filosóficos y políticas educativas que orientan la formación integral de los educandos.

La evaluación curricular es un proceso dinámico que permite adecuar, mediante rediseños permanentes, toda acción educativa hacia el logro de fines comunes. La evaluación no es tan sólo la medición del proceso de aprendizaje del alumno, sino la adecuación de estrategias que orientan la formación integral del educando; por tanto, debe enfocarse al seguimiento y control del logro de metas orientadas a través de las siguientes cuestiones:

* ¿Se está logrando el tipo de hombre propuesto en el modelo antropológico de la institución? ¿Por qué?
* ¿Se lograron identificar comportamientos y actitudes que permitan la vivencia de los valores y principios que orientan la educación específica del estilo educativo particular del centro educativo? ¿Por qué?
* ¿Se alcanzaron los fines propuestos por el Ministerio de Educación y la institución con respecto al proceso de formación?
* ¿Es viable el modelo pedagógico y didáctico aplicado?
* ¿Son coherentes las estrategias educativas y los espacios pe-

dagógicos creados con las políticas educativas y principios filosóficos propuestos por el centro educativo? ¿Por qué?

- ¿Se operacionaliza el Proyecto Educativo Institucional a través del proyecto pedagógico? ¿Por qué?
- ¿Se educa integralmente? ¿Por qué?
- ¿Se adecúan planes y programas para el logro del perfil establecido? ¿Por qué?
- ¿Las actividades y recursos programáticos velan por el desarrollo personal y no por el aprendizaje de contenidos? ¿Por qué?
- ¿Son coherentes los resultados intelectivos, socioafectivos, comunicativos, espirituales y psicomotores obtenidos en los estudiantes con lo propuesto? ¿Por qué?
- ¿Se han rediseñado los modelos pedagógicos y didácticos, teniendo en cuenta los enfoques metodológicos y científicos, según los resultados obtenidos? ¿Por qué?
- ¿La evaluación es valorativa a todo nivel y no sólo sumativa y conceptual? ¿Por qué?

La evaluación debe velar por todo elemento involucrado en el proceso educativo y si se orienta al aprendizaje, vela por el proceso de enseñanza y la adecuación de estrategias educativas, pedagógicas, didácticas, científicas, metodológicas, dentro de un ambiente valorativo (axiológico definido) y en un proceso personalizante.

La evaluación debe ser estructurada y sistemática y debe permitir la autorregulación y transformación del proceso educativo en su totalidad.

Responder a las preguntas anteriores nos permiten autoevaluar el macrocurrículo, autorregularlo y buscar su acreditación.

LA EVALUACIÓN DE LA CALIDAD CURRICULAR DE LOS CENTROS EDUCATIVOS

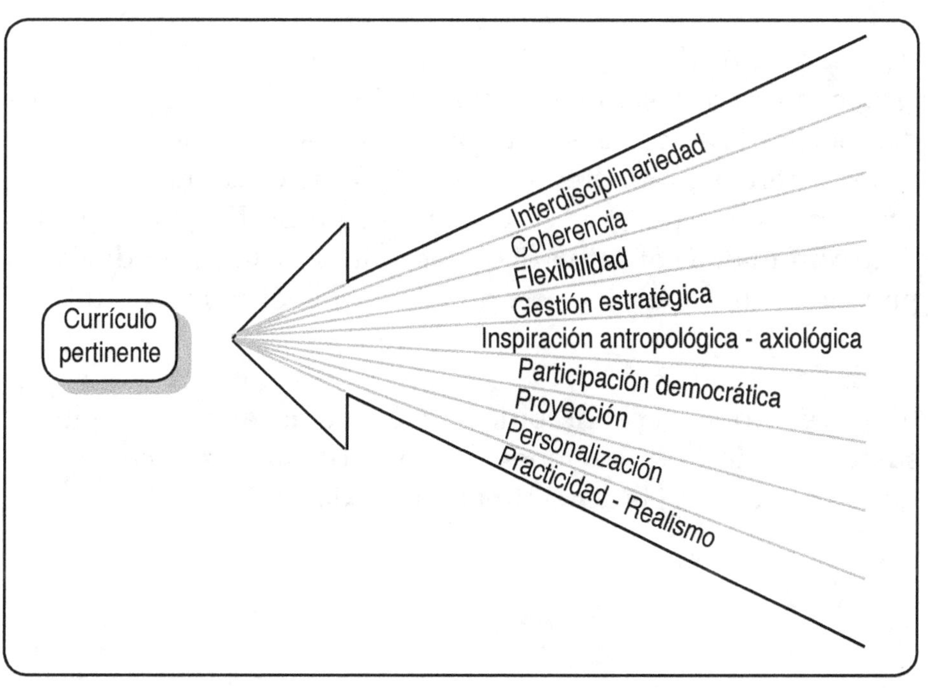

Para poner en marcha el modelo macrocurricular propuesto, necesita contextualizarse en los fundamentos curriculares del PEI y tener las siguientes condiciones de ejecución: inspiración antropológico-axiológica, participación democrática, interdisciplinariedad, flexibilidad, coherencia, realismo, proyección, personalización, practicidad y gestión estratégica.

Veamos cada una de ellas:

Inspiración antropológica-axiológica
Debe aplicarse en instituciones que propendan por el desarrollo de las potencialidades y valores humanos y por la formación integral de los educandos y no por centros academicistas.

Participación democrática
Sus actores deben tener injerencia en el proceso, desde su misma concepción hasta su evaluación y continuo rediseño, con el fin de que se sientan partícipes, coautores, llamados a tomar parte activa, asumiendo funciones y responsabilidades de animación y servicio.

Interdisciplinariedad
Deben tener acogida todas las concepciones y los diversos puntos de vista desde los cuales se interpreta la realidad, enriqueciendo la visión y para permitir que las personas de las diferentes ramas del conocimiento se integren en una labor común. Todos los agentes de la comunidad educativa deben encontrar un lugar desde el cual puedan actuar, aportar a este proyecto y beneficiarse de él.

Flexibilidad
El proyecto debe ser concebido y diseñado de tal manera que sea susceptible de modificaciones y mejoras constantes en cualquiera de sus partes, sin perder su finalidad (axialidad).

Coherencia

Es indispensable, para que el proyecto actúe como un sistema, que sus partes se interrelacionen, autorregulen y converjan en un sentido, una totalidad y una identidad específica.

Realismo y pertinencia

Su intención debe ser actuar sobre las condiciones que rodean a las personas, cosa que sería menos posible en tanto las condiciones a las que aspiran fueran demasiado ideales.

Personalización

Todo debe partir de la iniciativa personal para beneficiar a la comunidad y revertir al mismo individuo.

Practicidad

Debe surgir de la interacción creativa entre la dimensión práctica de todo saber socialmente legitimado.

Gestión estratégica

Debe ponerse la administración al servicio del proyecto pedagógico y curricular y no lo contrario.

Si se tienen en cuenta no sólo los fundamentos curriculares de la propuesta de modelo macrocurricular, sino también sus líneas de acción, proceso evaluativo, características y condiciones de ejecución, de seguro esta propuesta permitiría operacionalizar los enfoques integral e individualizado en la educación latinoamericana.

Si desde una educación, una escuela y una pedagogía transformadora el currículum es el conjunto de:

a.	Los principios antropológicos, axiológicos, formativos, científicos, epistemológicos, metodológicos, sociológicos, psicopedagógicos, didácticos, administrativos y evaluativos, que inspiran los propósitos y procesos de formación integral (individual y sociocultural) de los educandos en un Proyecto Educativo Institucional que responda a las necesidades de la comunidad entornal, y

b.   Los medios de que se vale para –desde estos principios– lograr la formación integral de los educandos, entre ellos la gestión estratégica y estructura organizacional escolar, los planes de estudio, los programas y contenidos de la enseñanza, las estrategias didácticas y metodológicas para facilitar los procesos del aprendizaje, los espacios y tiempos para la animación escolar y el desarrollo de los procesos de formación de las dimensiones espiritual, intelectiva, socioafectiva-psico-biológica y expresiva-comunicativa, los proyectos –uni, multi, trans e interdisciplinarios– que favorecen el desarrollo individual y sociocultural, los criterios e indicadores evaluativos a todo proceso-proyecto-actividad-resultado, los agentes educativos que intervienen como estamentos de la comunidad escolar-educativa-eclesial-local-regional, los contextos endógenos y exógenos situacionales, los recursos locativos-materiales-instrumentales y de apoyo docente y los procesos y métodos de rediseño a todo nivel, para hacer que los medios (desglosados en b.), permitan lograr los principios (anotados en a.) en el proceso de formación integral de los educandos y con ella facilitar el liderazgo transformador que permita dar repuesta al entorno sociocultural.

Entonces, evaluarlo implica hacerle seguimiento permanente y control a todos estos principios, propósitos, procesos, medios, recursos, proyectos, contextos, actividades y gestión que la construcción, desarrollo y aplicación del currículo implica.

Evaluación de la calidad del currículo

Para evaluar la calidad del currículo en los centros educativos es suficiente con hacer estas preguntas:

- ¿Tiene el currículo inspiración antropológica?
- ¿En su construcción participaron activamente todos los estamentos educativos?
- ¿Es interdisciplinario?
- ¿Es flexible?
- ¿Es coherente?
- ¿Está contextualizado en la realidad entornal histórica, social, económica, política, cultural y natural (ambiental)?
- ¿Es pertinente?
- ¿Es prospectivo y proyectivo?
- ¿Es personalizado?
- ¿Es práctico?
- ¿Es estratégico?

LA EVALUACIÓN DE LA GESTIÓN MICROCURRICULAR DE LOS CENTROS EDUCATIVOS

Contextualización

El diseño microcurricular constituye en general el marco de referencia para la selección y el análisis de los elementos curriculares que intervienen en un proceso educativo (programa, metodología, recursos, etc.), así como el marco de actuación en el mismo indicando qué, cómo y cuándo enseñar y evaluar.

Las teorías microcurriculares tienen tres funciones fundamentales que se cumplen mediante la investigación y la gestión curricular:

a. Identificar los problemas o los puntos críticos en la elaboración del currículo y las generalizaciones que los sustentan.

b. Dilucidar las relaciones que existen entre estos puntos críticos y sus estructuras básicas.

c. Sugerir las aproximaciones necesarias para resolver los problemas críticos identificados con base en las relaciones dilucidadas.

De las teorías microcurriculares surgen las estructuras conceptuales microcurriculares que permiten adoptar las decisiones cruciales del currículo; éstas son:

a. La enunciación o formulación de objetivos y metas.

b. La selección y la organización de los contenidos.

c. La selección y organización de las experiencias y actividades de aprendizaje.

d. La evaluación.

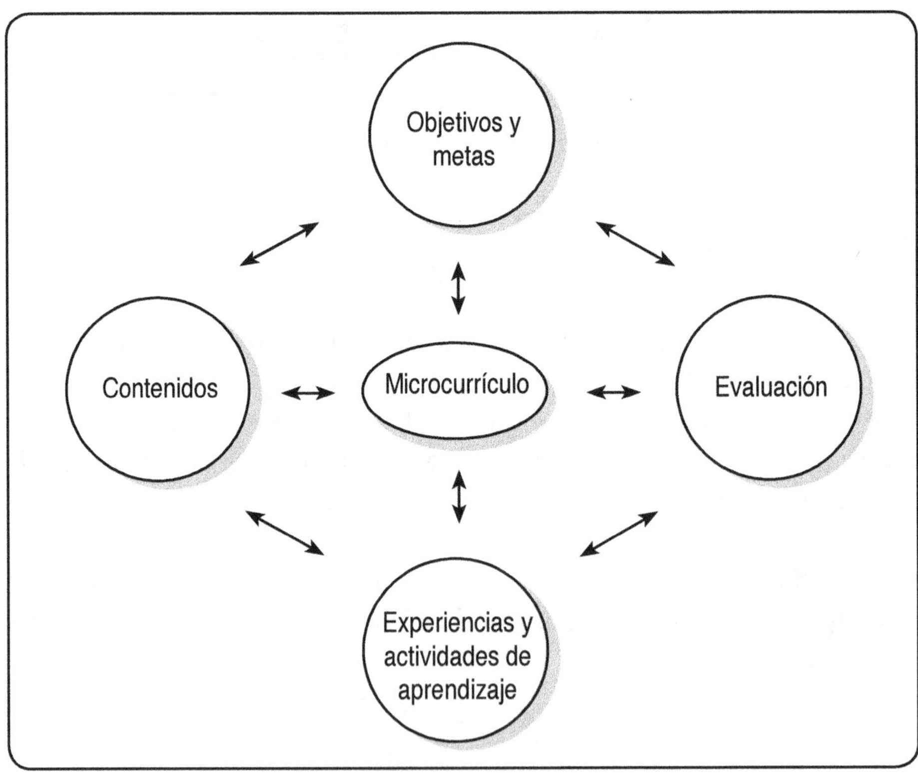

La planificación del currículo debe permitir identificar los elementos que lo constituyen, establecer sus relaciones mutuas, indicar los principios de la organización y los requisitos de la misma y su forma de administrarse.

Todos los diseños curriculares deben responder a las siguientes preguntas:

- ¿Qué es lo que debemos hacer?
- ¿Qué asignaturas van a ser utilizadas?
- ¿Qué métodos y sistemas de organización se van a emplear?
- ¿Cómo van a ser evaluados los resultados?

Estos elementos están relacionados y, por consiguiente, las decisiones referentes a cualquiera de ellos dependen las unas de las otras. Las decisiones acerca de los núcleos en torno a los cuales se organiza el microcurrículo, son el factor primordial de toda su elaboración.

Estos elementos se vuelven partes de una estructura general para la organización del plan de estudios, los planes y programas, pero sólo permiten responder las siguientes preguntas:

- ¿Qué vamos a enseñar?
- ¿Cómo, cuándo y con qué hacerlo?
- ¿Qué esperamos que aprendan?
- ¿Cómo determinar si lo enseñado se aprendió y de la forma programada?

Las respuestas a estas preguntas no solucionan el problema microcurricular, tan sólo el organizativo académico. La gestión microcurricular debe también responder a otras preguntas tales como:

- ¿Qué tipo de hombre (mujer) formar?
- ¿A la luz de qué principios y valores?
- ¿En qué actitudes y comportamientos?
- ¿En qué dimensiones?

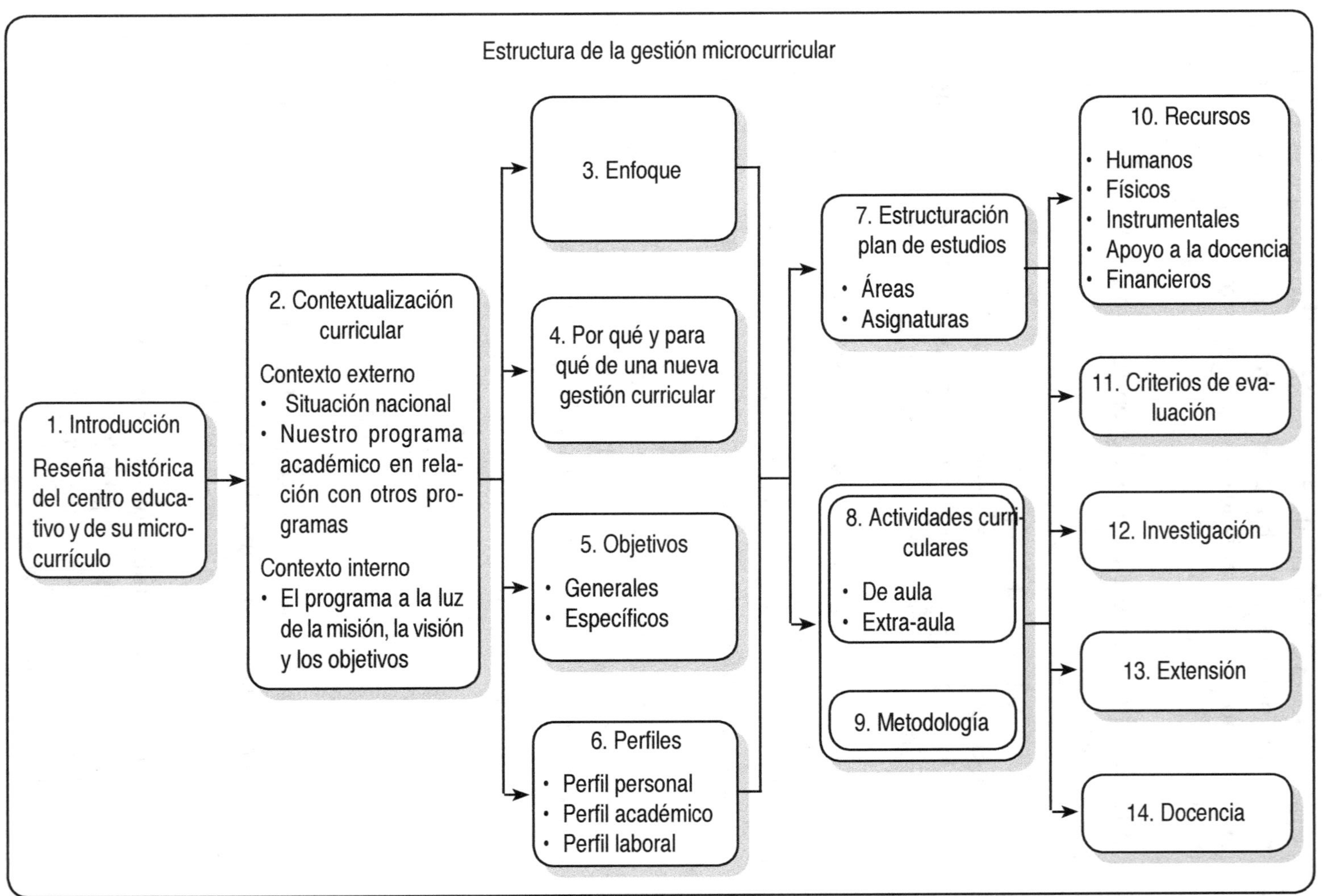

Estructura de la gestión microcurricular
1. Introducción
Reseña histórica del centro educativo y de su microcurrículo
2. Contextualización curricular
Contexto externo
• Situación nacional
• Nuestro programa académico en relación con otros programas
Contexto interno
• El programa a la luz de la misión, la visión y los objetivos
3. Enfoque
4. Por qué y para qué de una nueva gestión curricular
5. Objetivos
• Generales
• Específicos
6. Perfiles
• Perfil personal
• Perfil académico
• Perfil laboral
7. Estructuración plan de estudios
• Áreas
• Asignaturas
8. Actividades curriculares
• De aula
• Extra-aula
9. Metodología
10. Recursos
• Humanos
• Físicos
• Instrumentales
• Apoyo a la docencia
• Financieros
11. Criterios de evaluación
12. Investigación
13. Extensión
14. Docencia

- ¿En qué procesos?
- ¿Con qué proyectos?
- ¿En qué contextos?
- ¿Para solucionar qué tipo de problemas?
- ¿Con qué estrategias?, etc.

Son las preguntas que quedan sin respuesta si el microcurrículo se entiende solamente como un plan de estudios cargado de asignaturas y programas.

Congruentes con esta visión curricular, las instituciones educativas necesitan adoptar y comprometerse con un diseño curricular propio que le permita desarrollar la institución y a cada una de las instancias académicas y administrativas, en beneficio de los educandos, los educadores y la comunidad en general.

Guía para estructurar la gestión microcurricular

Para estructurar la gestión microcurricular deben desarrollarse los siguientes aspectos:

1.   Reseña histórica del currículo del centro educativo

Se debe realizar una recuperación histórica de los cambios curriculares ocurridos desde que el programa académico se inició hasta la fecha, a manera de trayectoria curricular.

En ésta se anotan las debilidades y fortalezas de cada uno de los factores que motivaron los cambios curriculares, en especial relacionados con:

- El enfoque

- Los objetivos

- Los perfiles

- El plan de estudios:

    – Las áreas que lo integran
    – Las asignaturas
    – La intensidad horaria

Esta revisión de antecedentes en relación con el programa académico permite rescatar elementos de su autoevaluación y generar estrategias para la autorregulación curricular y la posterior acreditación.

2. Contextualización curricular

Se debe describir la situación actual en la cual se da la transformación curricular.

Esta contextualización debe fundamentarse en la descripción, delimitación y definición de los problemas de nuestro entorno, a los cuales se les busca dar alternativas de solución desde la propuesta curricular, en ella, desde el plan de estudios.

Se debe considerar:

2.1. Contexto externo

– Situación nacional
Definir con claridad cuáles son los problemas que tiene en la actualidad el país y explicar sus implicaciones sobre la organización de una nueva gestión microcurricular.

Comparar el actual programa académico del centro educativo con otros programas similares ofrecidos por instituciones en los siguientes aspectos: enfoque, objetivos, perfiles y plan de estudios.

2.2. Contexto interno

El microcurrículo a la luz de la misión, la visión y los objetivos del centro educativo.

Desde el Proyecto Educativo Institucional contextualizar: ¿quiénes somos?, ¿cuál es nuestra realidad?, ¿cuáles son nuestras metas?, ¿cómo se van a lograr?, ¿qué tareas debe asumir el currículo respectivo?, y ¿cómo vamos a evaluarlas?

Esto se desarrollará a través de los siguientes puntos:

Compromiso:

- Con la educación centrada en la promoción de la persona humana.
- Con la formación integral.
- Con la docencia.
- Con la investigación.
- Con la proyección social, histórica y sociopolítica.

El microcurrículo a la luz del modelo formativo del centro educativo:

- La formación ética.
- El perfil del educando.
- El perfil del educador.
- El perfil del directivo administrativo.

La contextualización curricular debe realizarse siempre a la luz del plan de desarrollo del centro educativo contenido en el Proyecto Educativo Institucional, el cual debe ser revisado en forma constante.

3. Enfoque

- Presentar cuáles son las teorías y modelos que sustentan las nuevas posturas acerca de la formación de los educandos y cuáles son las tendencias en el desarrollo científico, tecnológico, social, económico y personal de las disciplinas propias de los programas académicos que maneja el centro educativo.

- Orientar la gestión microcurricular para poner a tono los programas con las nuevas demandas teórico-prácticas, tomando en cuenta los perfiles personal, académico y laboral.

4. Por qué y para qué una nueva gestión curricular

Una nueva gestión curricular debe responder a dos preguntas fundamentales:

¿Por qué una nueva gestión microcurricular?
- Anotar las causas que motivan la estructuración de la nueva propuesta curricular a la luz de las necesidades a las cuales hay que darles respuesta.

¿Para qué una nueva gestión microcurricular?
- Responder a esta pregunta desde los objetivos, el impacto que puede producir en la comunidad educativa y en los egresados y los beneficios que a corto y largo plazo ofrece el programa para sus educandos y para la comunidad en general.

5. Objetivos del diseño curricular

Formular los objetivos en términos de los logros esperados al finalizar el programa académico.

Pueden ser:

- **Objetivos generales**

  - Formular los objetivos describiendo las condiciones de ejecución y –en lo posible– algunos criterios de evaluación.
  - Relacionar lo anterior con los perfiles personal, académico y laboral pero integrados en una sola tarea formativa.

- **Objetivos específicos**

– Estos se relacionan con los énfasis de la propuesta curricular, las áreas que conforman el plan de estudios (lo que se busca con ellas) y las asignaturas.

6. Perfiles

Describir los perfiles en términos del deber ser: perfil personal (ser), académico (saber) y laboral (sabe hacer) de los futuros egresados.

- **Perfil personal**

Se establece a la luz del modelo antropológico del centro educativo definido en el Proyecto Educativo Institucional. En él deben expresarse con toda claridad los principios, valores, actitudes, comportamientos y dimensiones que son necesarios desarrollar en los educandos. Este perfil personal se relaciona con el SER (principios, mínimos éticos, morales y de convivencia).

- **Perfil académico**

Está relacionado con los saberes teórico-prácticos que deben ser adquiridos por el educando y con sus competencias básicas intra e interdisciplinarias. Se orienta a lo que se debe saber.

- **Perfil laboral**

Tiene que ver con las habilidades y destrezas necesarias para asumir labores o trabajos relacionados con la ocupación (campo laboral). Se orienta hacia lo que se debe saber hacer.

Estos perfiles deben, además de estar claramente reflejados en el plan académico y formativo, verse reflejados también en la investigación y en la proyección social (extensión).

En este punto debe incluirse un perfil básico mínimo del educador, como premisa para el logro de este perfil del educando, al igual que del jefe de área y del directivo docente; perfiles frente al ser, el saber y saber hacer (vocación-profesión-ocupación).

7. Estructuración del plan de estudios: académico y de formación

Presentar las áreas de conocimiento y de especialidad que lo integra y las asignaturas que constituyen estas áreas con la intensidad horaria, para hacerles seguimiento a los procesos y proyectos propios de las mismas.

- **Organización de las áreas del conocimiento**

Seguir el mismo diseño curricular aplicado al plan académico y formativo en general y hacerlo área por área:

- Reseña histórica.
- Contextos externos e internos.
- Enfoque.
- Por qué y para qué de cada una de las áreas que conforman el plan de estudios.
- Objetivos: generales y específicos.
- Preparar las asignaturas que componen cada una de las áreas definiendo las intensidades horarias.
- Establecer los proyectos tanto curriculares como de investigación que se van a realizar en cada una de las áreas.
- Describir las actividades que se pretenden llevar a cabo en cada una de las áreas: actividades de aula y actividades extra-aula.
- Proponer y redactar la metodología que será manejada en cada una de las áreas.
- Listar los recursos humanos, instrumentales, materiales, de ayudas educativas viables, financieros, que se necesitan para implementar el trabajo y desarrollo de cada una de las áreas.

–   Definir y redactar los criterios de evaluación de cada una de las áreas para hacerles seguimiento a los procesos y proyectos propios de las mismas.

• Organización de las asignaturas

Elaborar las unidades didácticas de las asignaturas teniendo en cuenta los elementos del diseño curricular aplicado al plan de estudios y a la organización de las áreas (de ser posible debe contener una propuesta de cronograma temático. Es necesario hacerlo asignatura por asignatura describiendo:

–   Justificación.
–   Objetivos: generales y específicos: se deben incluir aspectos motivacionales que expresen la filosofía del curso y de los docentes y los criterios razonables para tener el éxito en el curso.
–   Contenidos conceptuales.
–   Proyectos: curriculares (formativos) y de investigación.
–   Actividades de aula y extra-aula, y actividades de extensión (el servicio social se puede proyectar dentro de cada área/ asignatura).
–   Metodologías utilizadas.
–   Recursos.
–   Criterios de evaluación: cuantitativos y cualitativos.
–   Bibliografía:
    –   El (los) texto(s) básico(s).
    –   Textos y lecturas complementarias.

8. Actividades curriculares

•   Describir, planear y programar las actividades que acompañan el desarrollo de las áreas, los programas de las asignaturas, los proyectos específicos y generales.

Éstas pueden ser:

- **Actividades del aula**

  – Están relacionadas con las estrategias pedagógicas y didácticas que se utilizan, las ayudas educativas disponibles para el proceso de enseñanza-aprendizaje.

  – Establecer, en términos generales, cómo se desarrollarán metodológicamente las clases.

- **Actividades extra-aula**

  – Se relacionan con los eventos que acompañan el desarrollo de los programas y que apoyan la capacitación, actualización o perfeccionamiento de los educandos en procesos paralelos al desarrollo de las áreas.

Las actividades extra-aula pueden ser:

– Seminarios.

– Talleres.

– Cursos de educación continuada.

– Cursos libres.

– Foros.

– Simposios.

– Encuentros.

– Congresos.

– Páneles.

– Trabajos de campo.

– Visitas programadas.

– Salidas de campo.

– Otras actividades académicas.

Hacer un listado de estas actividades y planeación provisional que contenga:
–   Tipo de actividades extra-aula.
–   Título de la actividad.
–   Objetivo de la actividad.
–   Destinatarios.
–   Duración en días.
–   Organizadores responsables.

• Para-académicas

–   Asociaciones estudiantiles.
–   Programas de bienestar estudiantil.
–   Talleres de desarrollo personal.
–   Actividades culturales.
–   Actividades deportivas.
–   Actividades formativas.
–   Otros.
–   Actividades de extensión: de servicio social, de educación continua, de actividades culturales, de servicio social y de promoción a la comunidad.

9. Metodología

Frente a los puntos referidos a metodología, describir, de forma genérica, los procedimientos utilizados en las estrategias y actividades para la enseñanza de las áreas y de las asignaturas.

10. Recursos

Presentar la lista de los recursos que se consideren permiten operacionalizar la propuesta curricular:

• Recursos humanos

Expedientes completos de los docentes con asignaturas o áreas de competencia.

- **Recursos físicos**

Descripción de espacios (aula, laboratorios, etc).

- **Recursos instrumentales**

Descripción de equipos, instrumental científico o técnico.

- **Recursos de apoyo a la docencia**

Ayudas audiovisuales y de informática.

- **Recursos financieros**

Ajustarlos al presupuesto destinado para las áreas.

- **Convenios**

11. Criterios de evaluación del diseño curricular

Definir los criterios y estrategias para la evaluación de la gestión curricular y del plan académico y formativo. Para hacerlo es necesario establecer:

Criterios y estrategias para la:

- Evaluación de las áreas.
- Evaluación de las asignaturas.
- Evaluación del aprendizaje.
- Evaluación de docentes.
- Evaluación de la gestión administrativa.
- Evaluación de la gestión curricular.
- Evaluación de los programas y proyectos de investigación.
- Evaluación de los programas y proyectos de extensión.
- Evaluación de las actividades extra-aula.
- Evaluación de recursos.
- Evaluación del sistema de evaluación: académica, institucional (administrativa, funcional).

12. Investigación

El centro educativo definirá las líneas generales de investigación. Debe presentar las líneas de investigación de cada área con base en:

–   Historial (interno-externo).
–   Capacidad endógena.
–   Capacidad interinstitucional.
–   Contexto interno y externo (social, económico y productivo).
–   Que contemple aspectos éticos.

Para esto es necesario formular:

–   Títulos de la línea.
–   Justificación y marco contextual.
–   Objetivos.
–   Proyectos que conforman la línea.

• Proyectos de investigación

Presentar los proyectos de investigación de cada línea.
Para hacerlo se sugiere que cada proyecto contenga:

–   Título del proyecto.
–   Problemáticas por solucionar (planteamiento o formulación del problema).
–   Antecedentes.
–   Justificación.
–   Objetivos generales y específicos.
–   Factibilidad.
–   Marco teórico/ conceptual/ contextual/ situacional.
–   Diseño metodológico: sistema de hipótesis y variables (dependiendo del tipo de proyecto y del diseño metodológico).
–   Cronograma.
–   Presupuesto.

Identificar y potenciar los candidatos responsables de las líneas y proyectos de investigación anexando las hojas de vida.

13. Extensión

La institución debe definir los programas de extensión y de servicio social.

Para definir los programas de extensión y de servicio a la comunidad, es necesario formular:

–   Título del programa.
–   Justificación.
–   Objetivos.
–   Proyectos que conforman el programa.
–   Actividades programadas que se realizarán en los proyectos.
–   Recursos humanos.
–   Proyectos de cada uno de los programas de extensión.

Presentar los candidatos responsables de los programas y proyectos de extensión anexando las hojas de vida.

Presentar los convenios institucionales relacionados con la facultad o escuela respectiva.

Autoevaluación de la gestión microcurricular en los centros educativos

Para realizar adecuadamente la autoevaluación del microcurrículo de los centros educativos es necesario responder afirmativa o negativamente a las siguientes preguntas:

•   ¿Existe en el centro educativo una reseña histórica de los cambios curriculares que éste ha sufrido?

- ¿En estos cambios curriculares se han hecho los estudios que lo sustentan y en ellos se han tenido en cuenta los enfoques, los objetivos, los perfiles y los planes de estudios que han sido modificados? Se explican las razones de estos cambios?

- ¿Están definidos claramente los contextos histórico, social, económico, político, cultural y ambiental que representan el entorno en el cual se desarrolla el centro educativo y su acción formativa?

- ¿Responde el microcurrículo a este contexto y entorno?

- ¿El microcurrículo permite operacionalizar la propuesta formativa planteada y formulada en el Proyecto Educativo Institucional?

- ¿El microcurrículo es humanizador, promueve la formación integral y se proyecta a la comunidad?

- ¿Está claro el enfoque curricular y éste es coherente con el Proyecto Educativo Institucional y pertinente en relación con las necesidades educativas del centro educativo?

- ¿Está justificado el enfoque curricular?

- ¿Este enfoque en realidad sí permite, desde su concepción y estructura, llevar a la práctica la misión, la visión, los fines, los propósitos y las metas del centro educativo?

- ¿Están debidamente formulados los objetivos generales y específicos que esperan alcanzarse con esta propuesta curricular?

- ¿Están expresados en términos de logros?

- ¿Están caracterizados los perfiles personal, académico y laboral de los educandos, en términos de perfil real y de perfil ideal?

- ¿Existen los planes, programas, actividades y estrategias metodológicas, como también los recursos para lograr formar a los educandos de acuerdo a los perfiles personal, académico y laboral planteados?

- ¿Está estructurado el plan de estudios y en él están definidas claramente las áreas de formación humana (ejes transversales) y académica (áreas y asignaturas) con la intensidad horaria correspondiente?

- ¿Las áreas están organizadas de tal forma que están claros en ellas: la justificación, los objetivos, las asignaturas que las integran, los proyectos de área, las actividades de aula y extra - aula, las metodologías y los recursos?

- ¿Las asignaturas están estructuradas mediante unidades didácticas en las cuales se delimitan y definen claramente los objetivos, los contenidos conceptuales por desarrollar, las metodologías particulares de enseñanza-aprendizaje, las actividades de aula y extra-aula, los carteles de alcance y secuencia de conceptos, las competencias por desarrollar, los procesos de pensamiento por formar y los criterios de evaluación de los logros e indicadores de logro por alcanzar?

- ¿Están definidas claramente las actividades formativas en el microcurrículo?

- ¿Están definidas claramente las actividades académicas en el microcurrículo?

- ¿Responden estas actividades al desarrollo humano, a la educación por procesos, a la construcción del conocimiento, al compromiso con la comunidad?

- ¿Están definidas las estrategias pedagógicas y didácticas para asumir el desarrollo académico y formativo de los educandos desde las áreas y las asignaturas?

- ¿Están estructurados los ejes transversales del currículo?, en especial los proyectos de educación ambiental, paz y democracia, sexualidad, prevención del alcoholismo y del uso de sustancias psicoactivas, género, desarrollo cognitivo, desarrollo ético y moral, cultura ciudadana y uso racional del tiempo libre?

- ¿Se cuenta con los recursos humanos, físicos, locativos, instrumentales, de apoyo a la docencia, financieros que representan la infraestructura para poder llevar a cabo el desarrollo de todos los programas y proyectos académicos y formativos propuestos en el PEI y organizados en el microcurrículo y el plan de estudios?

- ¿Están definidos claramente los criterios, logros e indicadores de logro del aprendizaje?

- ¿Existen criterios definidos e instrumentos apropiados para la evaluación de las áreas, de las asignaturas, de los docentes, de los programas, de los proyectos, de las actividades, de las estrategias pedagógicas y didácticas, de los recursos?

- ¿Está clara la forma como puede evaluarse a la misma evaluación?

- ¿Están definidas las líneas de investigación en el centro educativo y están caracterizados los proyectos de investigación dentro de estas líneas?

- ¿Están estructurados los programas de extensión, en especial los relacionados con la práctica social y el compromiso con la comunidad?

Responder, afirmativa o negativamente, a estas preguntas, le permitiría a los docentes y directivos docentes evaluar la gestión microcurricular para hacerle seguimiento al desarrollo del currículo, tomar una postura crítica frente a los resultados obtenidos, hacer un análisis de las situaciones concretas encontradas indagando la posible causa de los problemas detectados y así, iniciar los procesos de rediseño, autorregulación y ajustes, para hacer una acreditación microcurricular.

LA EVALUACIÓN DE LA GESTIÓN ADMINISTRATIVA DE LOS CENTROS EDUCATIVOS

A pesar del permanente proceso de perfeccionamiento educativo, de las nuevas tendencias pedagógicas, de las renovaciones curriculares y de la búsqueda de la calidad educativa desde todas sus dimensiones y en todos sus niveles; ha sido casi imposible solucionar los problemas educacionales y pedagógicos, a veces por la falta de actitud de los agentes educativos y a veces, en la mayoría de los casos, por el mal manejo de la administración. Siempre se ha puesto a la pedagogía al servicio de la administración y no la administración al servicio de la pedagogía.

Han evolucionado las formas de administración y organización empresarial, pero las instituciones educativas, que en realidad son empresas racionales, siguen usando los modelos empresariales tradicionales de principios del siglo XX y no han permitido avanzar la administración educativa, que se confundió con la administración curricular en la que se manejan proyectos, planes y programas educativos y pedagógicos independientemente de la factibilidad económica y de los recursos que desde la administración deben disponerse para operacionalizar toda propuesta educativa y todo modelo curricular.

En este capítulo pretendo dar un vistazo a las formas de administración y organización empresarial para contextualizar la problemática de la gerencia y gestión educativa, describir algunas formas exitosas de manejo del factor humano, comentar las nuevas formas de organización, plantear los desarrollos recientes en administración estratégica y estructura organizacional, y presentar algunas conclusiones y recomendaciones en relación con el mejoramiento de la administración y organización de las instituciones educativas y el manejo del recurso humano.

Evolución en las formas de reorganización y administración

Toda buena administración demanda una excelente estructura organizacional.

En los últimos 20 años se han venido desarrollando nuevas formas de administración para renovar los tradicionales modelos aplicados en la América preindustrial, modelos considerados de la nueva ola y caracterizados por el consumo de los propios productos y servicios, la administración centrada en la autoridad paterna, pues las empresas eran de carácter familiar (como la mayoría de los colegios privados que no son de comunidades religiosas) y con un sistema de administración cerrado y ajustado a los presupuestos familiares, pues de la empresa vive la familia y de la familia se mantiene la empresa.

Estos sistemas administrativos microempresariales de principios del siglo XIX aún permanecen en algunas instituciones educativas privadas latinoamericanas en especial para estratos 2 y 3, en las que las familias organizan los colegios, no independizan la empresa de la familia, lesionan la institución educativa con los problemas familiares y manejan a la institución como se maneja una familia, de forma autoritaria, represiva, con amenazas e injusticias, sin autonomía para los agentes educativos, de forma improvisada a pesar de las planeaciones y programaciones, al recto saber y entender, dejándose llevar de los antojos e impulsos, sin calcular resultados educativos, sino sólo resultados económicos. La educación es el motivo de los ingresos familiares y se le trata como un medio para enriquecerse, pero no como un fin para mejorar su calidad.

Un gran porcentaje de las instituciones educativas latinoamericanas aún manejan este sistema, con directores arbitrarios, sin manual de funciones, metidos en todo para entorpecer y no para colaborar; directores que siempre forman parte del problema de la institución y no de la solución a los problemas que educativa, pedagógica, o curricularmente se presentan.

Directores con exceso de autoridad por su poder de ser dueños, pero sin autoridad ética ni epistemológica obtenida de su perfeccionamiento y de sus comportamientos y actitudes morales que reflejen una concreta escala de valores y principios. Directores que toman sus propias decisiones en función de sus necesidades familiares o personales, que las comunican y las obligan a ejecutar así no estén previstas en los proyectos educativos, ni en los planes curriculares y programas, proyectos o actividades pedagógicas (como lo anoté anteriormente para centros educativos privados en estratos 2 y 3).

A pesar de que esto aún ocurre, este modelo de primera ola empresarial fue superado por los modelos de la segunda ola que entre 1860 y 1970 (110 años de laborar de la misma forma) se desarrollaron en las empresas; este nuevo modelo se caracterizó por los siguientes lemas: "Haga todo usted mismo", "sea cada vez más grande y más fuerte", "utilice las políticas y normas de la empresa para definir y asignar los recursos".

Aparecieron en este modelo administrativo tres tipos de empresas organizadas en función de los negocios: *las empresas defensoras, las exploradoras y las analíticas.*

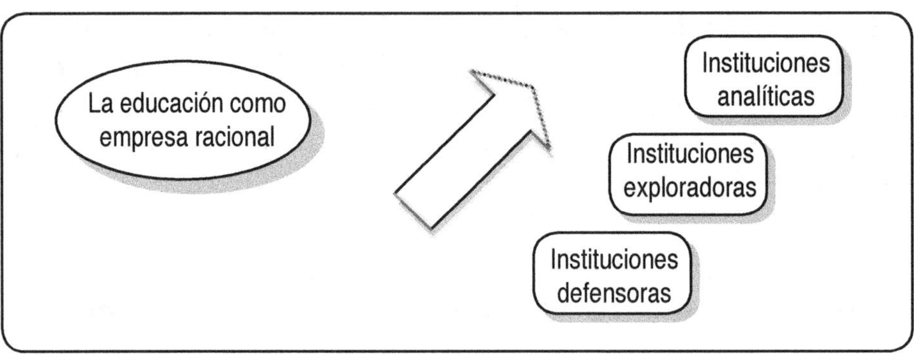

Las *empresas defensoras* se contentaron con definir una línea limitada de productos y servicios estables, se contentaron con mercados estrechos y centraron su éxito en función de los costos de operaciones. Se volvieron excelentes administradores de costos, mediocres productores y su estructura organizacional se hizo funcional. Se tranquilizaron con la eficiencia buscando hacer lo que hacen correctamente, y no la efectividad tratando de hacer lo correcto; entonces hicieron muy bien lo que no debían hacer.

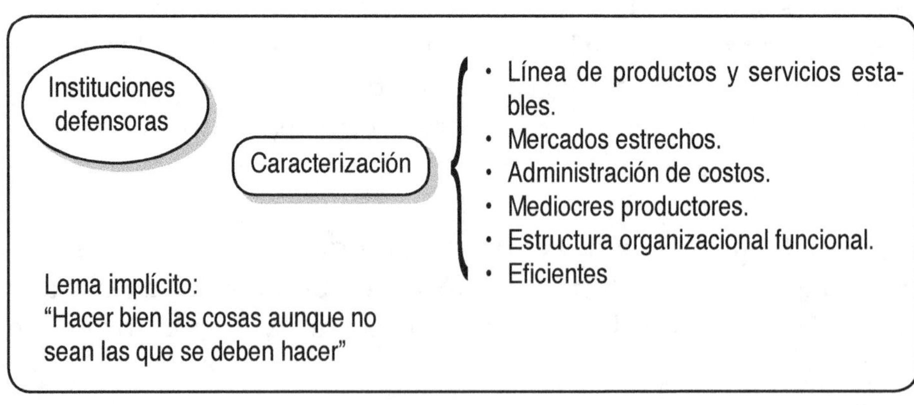

En nuestro medio hay este tipo de instituciones educativas defensoras, que no arriesgan económicamente, viven del centavo, ponen la pedagogía al servicio de la administración y viven tratando de economizar, entorpeciendo todos los programas y proyectos con el pretexto de que no hay presupuesto, o la actividad no da las suficientes ganancias.

Estas instituciones se contentan con hacer bien lo que hacen; el problema es que hacen lo que no deben hacer, manejan modelos educativos tradicionales y obsoletos y procesos pedagógicos instruccionales, pues es más económico invertir en tiza, tableros y en saliva de los profesores, que en recursos que faciliten el aprendizaje significativo y la construcción del conocimiento.

Las *empresas exploradoras* son innovadoras, les gusta ser las primeras, arriesgan tratando de ofrecer mejores productos, están en continua evolución y son las primeras en aportar algo nuevo, sus destrezas están centradas en la tecnología y el desarrollo de nuevos productos y en la investigación, y su estructura organizacional es divisional y de equipos por proyectos.

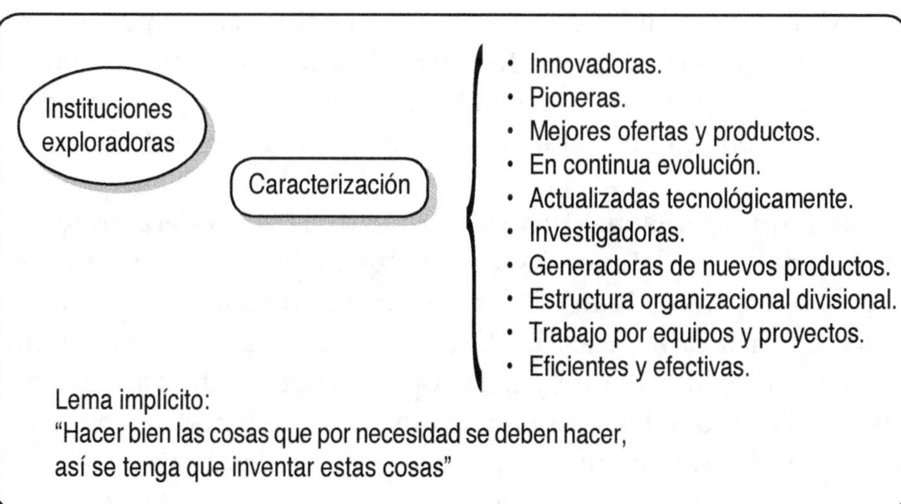

Algunas instituciones educativas tienden a ser exploradoras, permanentemente cambian sus proyectos educativos y pedagógicos con el pretexto de innovar; a veces se equivocan pues parten de cero, cambian incluso de carisma funcional y su filosofía; van a la deriva según los movimientos pedagógicos; se preocupan del qué y del cómo (contenidos y métodos) pero descuidan el por qué, y el para qué y riñen contra sí mismos.

Las instituciones educativas exploradoras de comunidades religiosas, con carisma congregacional y funcional con marcos doctrinales establecidos y que se respetan, no tiene este problema; en cambio, las de personas naturales, de carácter familiar, privadas, de estratos 2 y 3, que en realidad son defensoras pero que quieren aparentar ser exploradoras para mejorar sus ingresos, van a la deriva, quieren ser los primeros en todo y no maduran las propuestas, quieren ser de educación personalizada, pero también individualizada, constructivistas, renovadas, con currículos flexibles pero improvisados, con calidad total, planeación estratégica, escuela nueva, etc., aunque administrativamente siguen siendo autoritarias y económicamente "michicatas y tacañas"; quieren lograr todo lo nuevo y diferente pero con los mismos recursos obsoletos y con las mismas inversiones de bajo costo. Buscan calidad educativa sin invertir, lo quieren lograr a punta de manipulaciones del recurso humano y subiendo los costos educativos con el pretexto de ofrecer mejores programas, los que en verdad son improvisados. Pues no ha experimentado en ellos, por no invertir en el proceso de perfeccionamiento y tan sólo esperar buenos resultados.

Existen muy pocas instituciones educativas verdaderamente exploradoras que, definiendo una postura educativa y un modelo pedagógico, investigan su forma de operacionalizarlos, hacen innovaciones didácticas, las someten a ejecución, seguimiento y evaluación, las validan y las proponen como alternativas para mejorar la calidad educativa. Son tan pocas, que podrían contarse con los dedos de una mano, y son tan especiales que pocos creen en ellas, pues nadie reconoce en los demás los valores que no se tienen.

Estas instituciones exploradas son pioneras, ejemplo de innovación, de continua evolución en su misma línea de trabajo (filosofía, marco doctrinal y carisma fundacional), de investigación permanente, de desarrollo sostenido y de perfeccionamiento estructural, en todos sus agentes y procesos, actores y escenarios. Por lo general trabajan por proyectos y el trabajo es divisional, especializado, pero manejado de forma interdisciplinaria. Encuentran la unidad en la diversidad y trabajan desde ésta para aquella.

Las *empresas analíticas* son aquellas que, sin ser pioneras, observan a las exploradoras para calcular sus aciertos y problemas, repetir esos aciertos y buscar la forma de solucionar los problemas no superados por las primeras y ofrece una nueva versión de la innovación dada por la empresa exploradora.

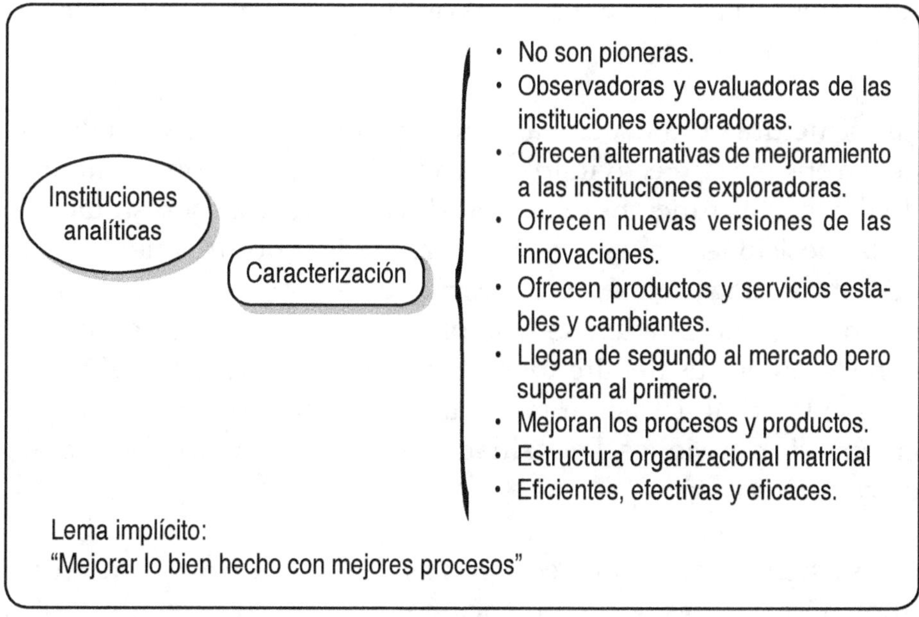

Estas empresas ofrecen productos y servicios estables y cambiantes, planifican las innovaciones sin arriesgarse, llegan siempre de segundo al mercado pero superan a quien llegó de primero. Sus destrezas se centran en mejorar los procesos, hacer mejores productos, comercializar y distribuir.

Su estructura organizacional es matricial y supera la funcional y divisional, por cuanto la función es especializada, planificada, coordinada y controlada de forma centralizada y sólo funciona en ambientes estables; no puede diversificarse y tiene el problema de que las decisiones se duermen en los niveles superiores, cuando la rutinas no son observadas y controladas.

La divisional es flexible, empuja a la innovación, da respuestas rápidas a los cambios y problemas. Permite el sentido de pertenencia al trabajar por divisiones y proyectos y ofrece libertad para la planeación, programación, coordinación y control, y funcionan en un medio cambiante; sin embargo, presenta algunos problemas: se duplican los recursos, cada división se convierte en un negocio aparte, se limita mucho a la integración y es muy difícil coordinar las funciones que son compartidas, lo que aumenta esfuerzos y costos no específicos de la división, pero sí generales de la organización.

La estructura organizacional matricial de las empresas analíticas tienen eficiencia, efectividad, eficacia y flexibilidad; son de enfoque dual hacia las funciones y los productos (procesos y resultados). En las decisiones claves son descentralizadas oportunamente hacia miembros matriciales y en las estructuras funciona en ambientes complejos, que pueden ser estables y cambiantes; sin embargo, tiene también sus debilidades: la multiplicidad de jefes, el hecho de que la administración matricial coloca una doble presión en la toma de decisiones, la evaluación del rendimiento y el sistema de compensación.

No existen instituciones educativas de este tercer orden en latinoamérica: unas son convencionales, tradicionales y estables (defensoras), y unas pocas exploradoras, innovadoras, cambiantes, pioneras. Por ser tan escasas las pioneras, y hasta ahora están apareciendo en el sector educativo, las instituciones analíticas no han podido madurar y los modelos matriciales de administración aún están lejos de aplicarse.

En un futuro, por la necesidad de construir Proyectos Educativos Institucionales, que en realidad sean innovaciones educativas, muchas instituciones serán pioneras en proyectos específicos y se convertirán en exploradoras; entonces de su seguimiento permanente y de su perfeccionamiento podrán aparecer instituciones educativas analíticas y con estructuras organizacionales y gestiones administrativas matriciales.

A pesar de estas formas de administración y estructura organizacional la tendencia de gestión estratégica para inicios de este siglo XXI será la estructura de redes, desgregadas, disminuidas, derivadas. Hacia allá va la administración empresarial, o por qué no, multiempresarial. ¿Irá hacia allá la administración educativa?, ¿pegará el brinco de 200 años, o paulatinamente se dejará tocar de los modelos antes vistos?, ¿se estarán actualizando, por lo menos para el próximo decenio, los programas y currículos de las facultades de administración educativa para no ofrecer egresados que hacen horarios y administran estrategias pedagógicas, sino para que en realidad administren verdaderas empresas educativas racionales y de carácter explorador y analítico?

¿Podrá por lo menos para este primer decenio del siglo XXI estar la administración al servicio de la pedagogía, favorecer el desarrollo de los proyectos educativos institucionales y operacionalizar los fines previstos en ellos para permitir la continuidad de las propuestas innovadoras?

Las instituciones educativas deben en este momento asumir el reto de la autoevaluación administrativa en las nuevas tendencias de la administración, actualizar a los directivos académicos y administrativos y perfeccionar sus modelos, de lo contrario los PEI serán sueños fallidos, esperanzas rotas y propuestas que no se pueden operacionalizar.

Evaluación de la administración en el centro educativo

Para autoevaluar la calidad de la administración en el centro educativo podrán responderse las siguientes preguntas:

- ¿El centro educativo es una institución defensora, exploradora o analítica?

Para orientar la consecución de la respuesta a esta primera pregunta, nos podemos orientar con las siguientes cuestiones:

- El centro educativo se caracteriza por:
  - ¿Tener una línea de productos y servicios estables (repetitivos)?
  - ¿Tener mercados estrechos?
  - ¿Administrar costos?
  - ¿Tener producción mediocre?
  - ¿Tener una estructura organizacional funcional?
  - ¿Centrarse en la eficiencia?

  Si es así, la institución es un centro educativo defensor.

- El centro educativo se caracteriza por:
  - ¿Promover las innovaciones siendo pionero?
  - ¿Mejorar permanentemente sus ofertas y productos?
  - ¿Estar en continua evolución y progreso?
  - ¿Estar actualizado tecnológicamente?
  - ¿Promover la investigación?
  - ¿Generar nuevos productos?
  - ¿Tener una estructura organizacional divisional ?
  - ¿Trabajar en equipo?
  - ¿Trabajar por proyectos?
  - ¿Velar por la eficiencia y la efectividad?

  Si es así, la institución es un centro educativo explorador.

- El centro educativo se caracteriza por:
    - ¿No ser pionero?
    - ¿Ser observador y evaluador de las instituciones exploradoras?
    - ¿Ofrecer alternativas de mejoramiento a las instituciones exploradoras?
    - ¿Ofrecer nuevas versiones de las innovaciones?
    - ¿Ofrecer productos y servicios estables y cambiantes?
    - ¿Llegar de segundo al mercado para superar al primero?
    - ¿Mejorar sus procesos y productos?
    - ¿Tener una estructura organizacional matricial?
    - ¿Velar por la eficiencia, la eficacia y la efectividad?

Si es así, la institución es un centro educativo analítico.

Desde la perspectiva administrativa, se acreditan los centros educativos exploradores y analíticos. Los centros educativos defensores se desacreditan.

LA EVALUACIÓN DE LA ADMINISTRACIÓN DEL RECURSO HUMANO EN LOS CENTROS EDUCATIVOS

Una nueva forma de organización requiere de una nueva manera de administrar personas. Muchas filosofías administrativas han operado en este siglo en relación con el manejo del recurso humano; por lo menos cuatro de ellas son importantes: La tradicional (1900-1939) denominada *teoría X*; la de *relaciones humanas* (1940-1960); la de recursos humanos (1961-1994) denominada *teoría Y*; y la actual, de finales del siglo XX e inicios del siglo XXI (1995 hasta un nuevo modelo), de la *inversión en personas*.

La filosofía tradicional de Frederick W. Taylor, Max Weber y Lillian Gilbreth, llamada *la administración científica y de la búsqueda de la eficiencia* se basó en pensar que los trabajadores poseen muy pocos conocimientos y les faltan destrezas, que no son creativos ni responsables y que es necesario supervisarlos y controlarlos, que tan sólo trabajan por dinero y no por altruismo o sentido de pertenencia, que el trabajo que debe ser impuesto en realidad es un costo que debe ser minimizado.

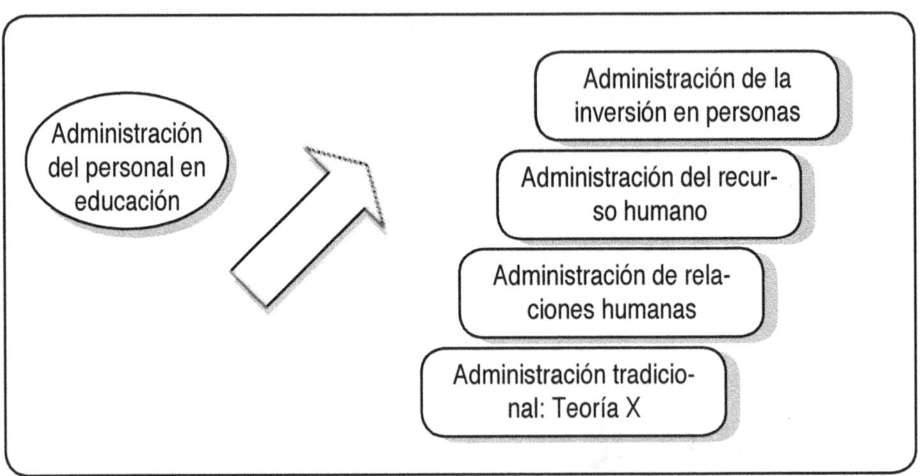

En este modelo tradicional las prácticas se resumían a procurar que los cargos y las tareas fueran muy simples para no delegar responsabilidades; que a las personas se les debe tratar como partes intercambiables de un todo y que son plurifuncionales; que es necesario mantener un estricto control y una estrecha supervisión sobre los empleados y sus funciones.

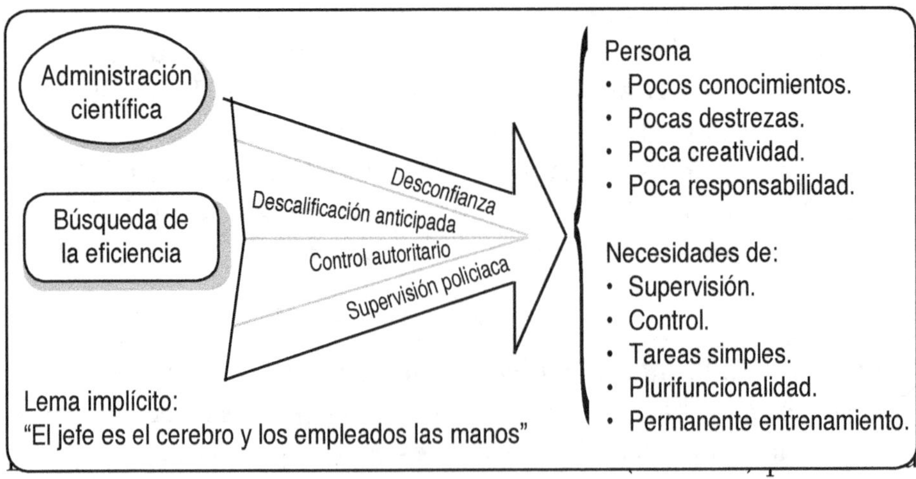

creencia de que los empleados sólo son capaces de satisfacer los requerimientos laborales si se les entrena en forma apropiada, se les supervisa con insistencia, se les controla de manera permanente y se les paga justamente. En este modelo se cumple el adagio según el cual "el jefe es el cerebro y los empleados las manos", modelo que corresponde a una empresa defensora de principios del siglo XX.

Lamentablemente en el sistema educativo oficial y privado y de todo nivel, éste es el modelo administrativo que se utiliza con una filosofía tradicional del manejo del recurso humano, centrado en la desconfianza, la descalificación anticipada, el control autoritario diferente de la asesoría, la supervisión policiaca, la intransigencia en las normas y formas de trabajo y la baja capacidad para mantener la misma estructura y proteger los mismos procesos y productos, pues es una educación defensora. Esta filosofía de la administración, que caducó a finales de los años 30, es la que la gran mayoría de instituciones educativas utilizan para manejar el recurso humano.

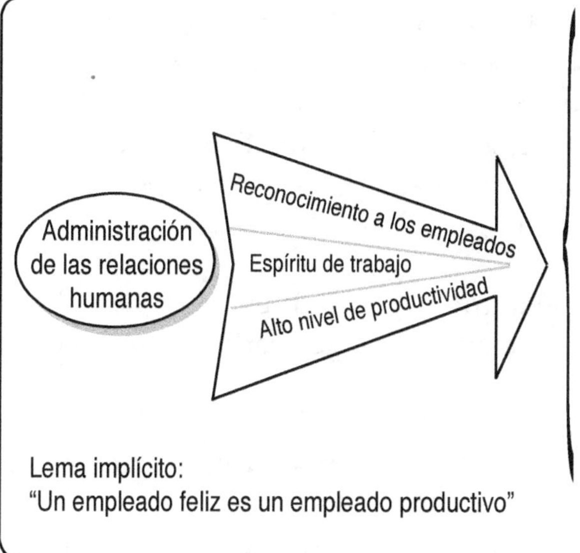

La filosofía administrativa de las relaciones humanas utilizada a mediados del siglo XX, prestó atención a las necesidades de reconocimiento y de pertenencia de los empleados para mejorar el espíritu de trabajo y generar así un elevado nivel de productividad.

Esta filosofía parte de dos grandes supuestos: "Los empleados son parte de la familia corporativa", y "los empleados siempre quieren sentirse útiles e importantes".

Con estos supuestos, las prácticas gerenciales se centraron en capitalizar el poder de los grupos de trabajo informales, dejar que los empleados ayudaran a decir cómo realizar ciertas tareas y abrir un espacio para escuchar sus quejas y sugerencias.

En las instituciones educativas no se abrieron estos espacios por temor a perder el poder y la autoridad, y en aquellas instituciones donde se pudo trabajar en este modelo se hizo de forma teórica, en donde los directivos siguieron sintiéndose patrones, y a pesar de ofrecer con discursos la posibilidad de descentrar la administración, siguieron con la postura tradicional de la teoría X, escuchando a los agentes educativos pero haciendo caso omiso de sus opiniones y sugerencias, convenciéndolos de que la creatividad y los aportes, por cuanto no se tienen en cuenta, lo que colma la paciencia y con el tiempo desestimula, desmotiva y se pierde el aporte que pudo lograrse por parte de los agentes educativos, principalmente docentes.

El lema de este modelo de administración fue: *Un empleo feliz es un empleado productivo*, lo que hoy ha demostrado no ser del todo cierto.

La tercera filosofía administrativa o administración participativa, o filosofía del recurso humano, desarrollada desde mediados de siglo XX hasta nuestros días, parte de los siguientes supuestos:

- La gente tiene posibilidades no aprovechadas y desea contribuir.

- Los trabajadores pueden orientarse y controlarse responsablemente por sí mismos.

- El trabajo es un activo que debe ser plenamente aprovechado.

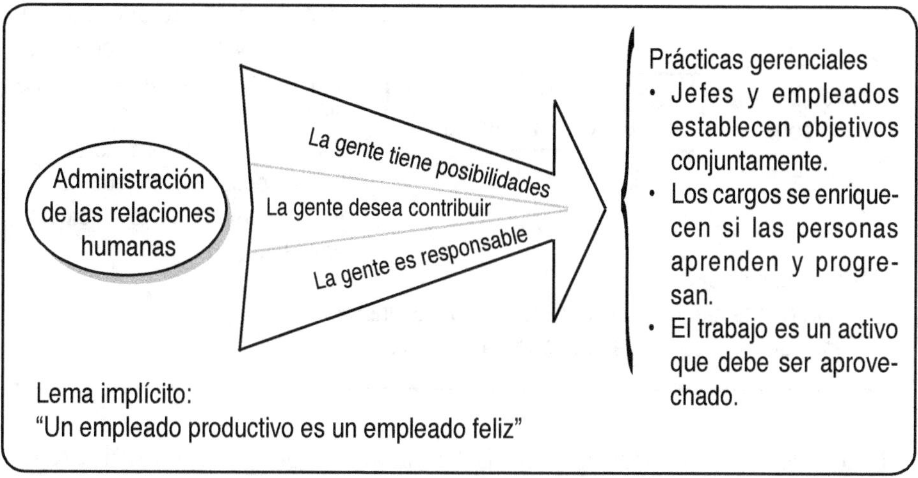

De estos supuestos se derivaron prácticas gerenciales enmarcadas en dos grandes postulados: "Los jefes y los empleados pueden y deben establecer objetivos conjuntamente", y "los cargos se enriquecen a medida que las personas aprenden y se desarrollan".

Estos dos postulados fueron mal entendidos por el sistema educativo; veamos: "Los docentes pueden producir lo que los directivos no saben hacer, y estos, pueden poner a su nombre lo que los docentes les hacen". El directivo siguió poniendo tareas controladas por normas, pero quiere hacer sentir que está dando verdadera participación a los agentes educativos.

Este tercer modelo de administración de recursos humanos está fundamentados en el lema "Un empleado productivo es un empleado feliz".

Desde finales de 1994 y hasta la fecha, la administración del recurso humano se está orientando hacia la inversión humana con los siguientes postulados: *la gente quiere asociarse en su propio desarrollo, y los activos humanos pueden ser invertidos y pueden acrecentar su valor.*

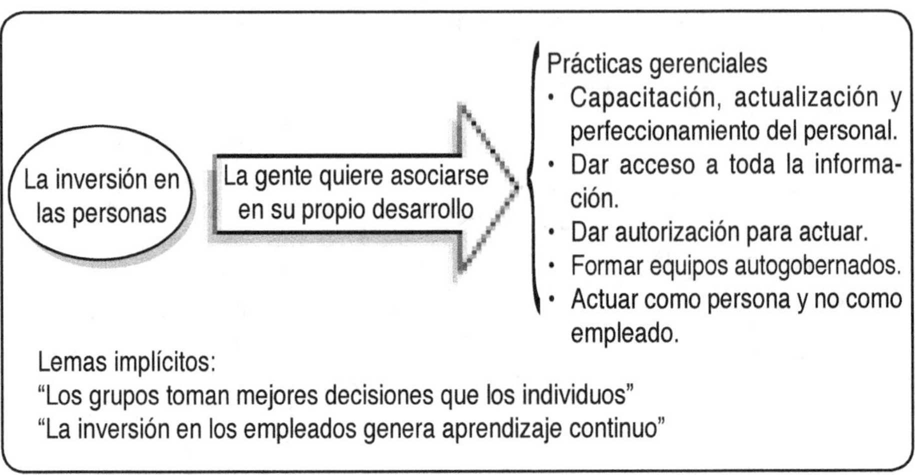

En educación esto supone prácticas de este tipo: Potenciar a los docentes mediante capacitación, actualización y perfeccionamiento; dar acceso a toda la información; ofrecer entrenamiento permanente; dar autorización para actuar; formar equipos autogobernados (sin jefes), y crear oportunidades para que los agentes educativos actúen como personas y no sólo como empleados.

Los lemas de esta cuarta filosofía son: *Los grupos toman mejores decisiones que los individuos y responden de mejor forma que estos de manera individual; la inversión en los empleados genera una organización de aprendizaje continuo.*

En educación no ha ocurrido esto. En las instituciones educativas quienes se capacitan son los directivos, los mismos que no permiten agenciar el cambio. Aprenden más cosas para saber qué no deben saber los otros y para seguir manteniendo su estructura de poder y de manejo de autoridad. No le permiten a los demás actualizarse con el pretexto de que *los formo para que luego se vayan a trabajar ganando más en otro lado; entonces los pongo a hacer lo mismo por lo siglos de los siglos, amén.*

¿Cómo generar espacios para la libertad individual? ¿Cómo compartir la información y el poder? ¿Cómo ser flexibles si perdemos la autoridad? ¿Cómo evitar la codicia de los docentes de quedarse con todo y sacarme a mí de mi propia institución? Éstas son algunas de las preguntas que aún se hacen los tradicionales administradores educativos de nuestras instituciónes, a pesar de que saben que la forma de dirigir debe cambiar, y que las instituciones necesitan dejar de ser "defensoras" de tradiciones para convertirse primero en "exploradoras" y luego en "analíticas".

¿Qué pasa con la formación de los administradores educativos?

Autoevaluación de la administración del recurso humano en el centro educativo:

Para evaluar la administración del recurso humano en el centro educativo podemos responder a la siguiente pregunta:

* ¿En el centro educativo se administra de forma tradicional con la teoría X?, ¿o se administra desde la perspectiva de las relaciones humanas?, ¿o se administra teniendo en cuenta el recurso humano?, ¿o se administra haciendo inversión en las personas?

Para responder a esta pregunta y poder evaluar el tipo de administración del recurso humano utilizado en el centro educativo podemos responder a las siguientes cuestiones:

En el centro educativo:

* ¿Se promueve una administración científica basada en la búsqueda de la eficiencia?
* ¿Se administra con desconfianza?

- ¿Se administra descalificando anticipadamente a las personas?
- ¿Se administra desde el control autoritario?
- ¿Se administra con supervisión policiva?
- ¿Se administra creyendo que el personal tiene pocos conocimientos, carece de destrezas, es poco creativo y poco responsable?
- ¿Se administra desde la supervisión, el control, la ejecución de tareas simples, la plurifuncionalidad y el permanente entrenamiento?

Si el centro administra el recurso humano de esta forma, entonces es un centro educativo de administración tradicional y no se acreditaria su proceso y gestión administrativa.

En el centro educativo:

- ¿Se reconoce y promueve a los empleados?
- ¿Se promueve el espíritu de trabajo y se estimula al buen trabajador?
- ¿Se logra un alto nivel de productividad?
- ¿Se considera a los empleados como parte de la familia corporativa?
- ¿Se considera a los empleados como personas útiles e importantes?
- ¿Se capitaliza el poder de los grupos de trabajo informales?
- ¿Se facilita a los empleados la toma de decisiones?
- ¿Se crean escenarios y espacios para escuchar sugerencias y asumirlas en la gerencia?

Si el centro educativo administra el recurso humano de esta forma, entonces es un centro educativo de administración de las relaciones humanas y se acreditaría en su proceso y gestión administrativa de forma aceptable.

En el centro educativo:

* ¿Se ofrecen posibilidades de promoción y desarrollo a los empleados?
* ¿Los empleados siempre buscan la forma de participar con compromiso y desean contribuir con la institución?
* ¿Los empleados son responsables y no necesitan supervisión?
* ¿Los directivos y los empleados establecen objetivos en equipo y de forma conjunta?
* ¿Los empleados se enriquecen, aprenden y progresan?
* ¿El trabajo de los empleados es un activo bien aprovechado?

Si el centro educativo administra el recurso humano de esta forma, entonces es un centro educativo de administración del recurso humano productivo y se acreditaría en su proceso y gestión administrativa de forma sobresaliente.

En el centro educativo:

* ¿Los empleados quieren asociarse a la institución y buscan su propio desarrollo desde ella y para ella?
* ¿Los empleados se capacitan, actualizan y perfeccionan con el apoyo del centro educativo?
* ¿Los empleados tienen acceso a toda la información que se maneja en el centro educativo?
* ¿Los empleados están autorizados para actuar con autonomía y se valora su capacidad de optar, elegir y decidir responsablemente?
* ¿Los empleados pueden organizarse en equipos autogobernados y se confía plenamente en su gestión?
* ¿Los empleados al actuar en la institución actúan como personas y no como empleados? Así lo sienten y así lo expresan?

Si el centro educativo administra el recurso humano de esta forma, entonces es un centro educativo de administración basado en la inversión en las personas y se acreditaría en su proceso y gestión administrativa de forma excelente.

LA EVALUACIÓN DEL LIDERAZGO TRANSFORMACIONAL AL INTERIOR DE LOS CENTROS EDUCATIVOS

La administración educativa en latinoamérica, de cara a la renovación educativa y a todos los cambios que ésta implica, se ha quedado a la zaga de los demás cambios generados por las Constituciones y por las leyes generales de educación.

Actualmente se están generando y desarrollando propuestas de interés desde las perspectivas antropológica, axiológica, sociológica, epistemológica, científica, tecnológica, psicopedagógica, didáctica, curricular y evaluativa; algunas de éstas ya están operando en las instituciones educativas, pero se ven limitadas en su eficacia, eficiencia y efectividad por la falta de renovación en los modelos de la administración educativa, la cual esta frenando el cambio y retardando los procesos educacionales. Es necesario atender este problema y buscarle por lo menos sus causas para discutirlas y encontrarle apropiadas estrategias de solución.

Una de las causas que genera algunos de los problemas de la administración educativa radica en el bajo nivel de liderazgo de algunos administradores educativos, llámense estos directores, rectores, vicerrectores, coordinadores, jefes de área o de secciones, etc., ya que éstos son docentes formados para la enseñanza de las áreas del conocimiento, las artes y los oficios, pero no para administrar procesos y proyectos, lo que ha hecho que algunos de nuestros actuales administradores escolares tengan un perfil muy pobre.

Perfil de algunos de los actuales administradores educativos:

Algunos de los actuales administradores educativos se caracterizan por:

- No estar capacitados en gerencia de proyectos o en administración de los mismos.
- No favorecer el crecimiento, la promoción y el desarrollo de los subordinados.
- No brindar una buena dirección a pesar de sus conocimientos técnicos.
- No desarrollar procesos de liderazgo por su inmadurez para generar con testimonio fuerza de trabajo.
- Generalizar el estilo de liderazgo y aplicarlo erróneamente en todas las situaciones de trabajo siendo éstas diferentes.
- Detener o retardar el desarrollo interno de las instituciones por no formar parte del cambio, sino de los modelos y diseños tradicionales de la administración.
- No tener flexibilidad para asumir los cambios ni recibir con agrado las nuevas alternativas de cualificación educativa porque se desestabilizan sus tareas, se les cambian sus funciones y esto les genera nuevas competencias.

- Seguir con sus "roscas" manteniendo una fuerza laboral inmadura e incompetente que retarda el desarrollo institucional.

- No generar espacios para la autonomía en la toma de decisiones, centralizando autoritariamente los procesos y frenando la renovación y/o la innovación.

- No aprovechar el potencial de los subordinados por no poder reconocer sus valores, ya que nadie reconoce en los demás los valores que no se tienen.

- No renovar los modelos de relaciones ni de interacciones.

- No preocuparse de las necesidades de los grupos y por tanto no prever la capacitación, actualización y perfeccionamiento de los agentes educativos.

- No estimular a los subordinados, pues sólo tienen ojos para fiscalizar y poner tareas que riñen con los actuales modelos educativos, pedagógicos y didácticos.

- No renovar su estilo de manejo del personal.

Estos problemas anteriores nos llevan a pensar que es necesario diagnosticar los estilos de liderazgo utilizados por los actuales administradores educativos, detectar sus carencias, ofrecer espacios de formación de líderes en un estilo que tenga en cuenta los niveles de madurez de los grupos y que puedan adaptarse con habilidad a nuevas situaciones, sean sencillas o complejas, que formen parte de la solución y no del problema.

Con este capítulo pretendo apoyar la creación de espacios de perfeccionamiento para administradores desde la perspectiva de la formación en el liderazgo, contextualizada esta formación en el perfil de un líder administrativo.

Sin embargo mientras estos líderes de la administración educativa se forman, es importante plantear este perfil para detectar los líderes naturales y asumir con ellos la transformación de los modelos administrativos escolares tradicionales.

Perfil ideal de un administrador educativo líder

Este podría ser el perfil ideal de un administrador educativo líder:

1. Los líderes son personas que aprenden continua y permanentemente. Se capacitan, actualizan y perfeccionan constantemente y enriquecen estos niveles de aprendizaje con sus propias experiencias significativas. Están pendientes de ampliar sus competencias y de mejorar la calidad de sus realizaciones. Están permanentemente desarrollando nuevas habilidades y buscando nuevos intereses. Mientras más saben y hacen se dan cuenta de lo poco que han hecho y de lo poco que conocen, pues consideran que mientras más crece en ellos el campo del conocimiento proporcionalmente crece su ignorancia; entonces, se hacen sencillos y abiertos a la crítica constructiva, pues consideran que la ignorancia es atrevida. Su motivación por el saber es endógeno y su primer nivel de compromiso es consigo mismo; consideran que es necesario tener para dar y se preocupan por perfeccionarse.

2. Los líderes, toman la vida como una misión por cumplir con y para distintos actores, en diferentes escenarios de desarrollo, en diversas condiciones de ejecución y contexto, pero siempre con actitudes de compromiso y servicio. Están prestos a comprometerse aportando conocimientos, y si no los tienen, a construirlos, pues para ellos es un reto enfrentar problemas nuevos. El líder busca siempre formar parte de la solución y no del problema.

3. Los líderes son personas de buen ánimo, positivas, optimistas, entusiastas, que creen en sus sueños y esperanzas porque están seguros que pueden realizarlos, pues no le temen al esfuerzo. Esta forma de ser les da energía para estimular a los subordinados, incluso a los negativos, desanimados, pesimistas e incrédulos. Tienen excelente sentido de humor,

incluso en los momentos difíciles y aparentemente desalentadores y con sabiduría saben aprovecharlo para atenuar los problemas, evitar las desmotivaciones personales y de quienes le rodean.

4. Los líderes creen mucho en las demás personas y las aceptan fácilmente a pesar de sus carácteres y personalidades. No se desestabilizan frente a las conductas negativas y/o las críticas destructivas. Dejan de lado los chismes, pues no gozan con las debilidades ajenas. No son ingenuos, aunque aceptan a las personas tal cual son, pues saben diferenciar entre la conducta de las personas -actitudes y comportamientos- y sus potencialidades, habilidades, destrezas. Creen en las potencialidades de las personas aunque éstas aún no se hayan desarrollado, al igual que en sus capacidades; por eso facilitan su desarrollo, ya que por no ser envidiosos no ven en sus colaboradores competidores, sino fuerza productiva que debe explotarse, respetando profundamente las individualidades.

5. Los líderes son personas actualizadas, leen sobre los últimos acontecimientos y prevéen el futuro, son amplios en su cultura general y fácilmente pueden opinar con acierto sobre cualquier tema. De todo saben un poco, pero de algo lo saben todo. Tienen cultura general pero son especializados. Tienen excelente capacidad de observación y pensamiento proyectivo y predictivo.

6. Los líderes son muy activos, le sacan provecho a todo y se convierten en personas divertidas y agradables. Su sentido del humor es tan equilibrado que prefieren reirse de sí mismos que de los demás. Son sencillos, poco ostentosos, no necesitan alardear ni mostrar sus éxitos. Son francos, cordiales, prudentes, justos y mesurados.

7. Los líderes no son extremistas, por lo general piensan en términos de prioridades y jerarquías, aunque se le miden a

todo, pues como Hyman, piensan que si hay algo urgente, necesario, fundamental, imprescindible por hacer esto debe ponérsele a la persona más ocupada, y consideran que ellas son quienes deben y pueden hacerlo, lo más pronto posible; incluso, mientras más ocupados están más se comprometen y las cosas les salen bien y a tiempo. Son eficientes, eficaces y efectivos.

8. Los líderes disfrutan de todas las situaciones de la vida, pues tienen autoestima, son seguros y creen en sí mismos; consideran que cuanto problema viene de afuera puede solucionarse. La confianza en sí mismos se fundamenta en su propia iniciativa, originalidad, creatividad, autonomía, libertad de opción y elección responsable, de su fuerza de voluntad, persistencia, aguante, paz interior y no en cuánto tienen y saben hacer.

9. Los líderes se interesan en las personas, tienen actitud de escucha, son amistosos, amigables, aprenden de la gente y la valoran, no dan reverencias especiales; para ellos todos son iguales y deben ser tratados como personas, sin irrespetar a las grandes personalidades y sin menospreciar a los aparentemente simples y sencillos por el cargo que ocupan o el oficio que realizan.

10. Los líderes son promotores de los cambios y catalizadores en las crisis que se presentan cuando ésta se está dando. Por lo general mejoran todas las situaciones en las que intervienen y lo hacen inteligentemente, aportando ideas creativas, como también laboralmente, trabajando duro y dando testimonio de empeño y deseos de producir.

11. Los líderes trabajan en equipo, pero no esperando que los demás propongan para criticar o decidir; ellos proponen de primero, se arriesgan a la crítica, desarrollan sus propios puntos fuertes y se esfuerzan por complementar sus debilidades con los puntos fuertes de los demás.

12. Los líderes delegan fácilmente porque creen en los demás y porque saben hacer lo que delegan, lo que les permite evaluar y retroalimentar, o bien corregir y perfeccionar. Nunca ponen a otro a hacer lo que ellos no saben; primero aprenden y después delegan.

13. Los líderes son buenos conciliadores y negociadores en situaciones complejas antagónicas. Forman parte del proceso creativo de encontrar solución a los problemas. Son emancipatorios.

14. Los líderes son equilibrados en su vida personal; se preocupan por ejercitar las dimensiones de la personalidad humana: la física, la mental, la emocional y la espiritual; entonces en toda situación están bien, son solicitados como miembros de los equipos deportivos y lo hacen bien, en los grupos académicos y de reflexión y sus ideas priman, en el campo social y afectivo por su forma de ser y relacionarse caen bien, y en los grupos de promoción a la comunidad y práctica social por su compromiso y actitud de servicio y siempre están prestos a colaborar y no defraudan.

15. Los líderes, en su desempeño profesional y en el campo laboral son éticos, idóneos eficaces, efectivos, eficientes, responsables, autogestionarios, protagónicos, laboriosos, comprometidos, productivos, críticos, creativos e innovadores y como personas son prudentes, discretos, pacientes, sencillos, firmes, constantes, generosos, inteligentes, equilibrados, autocontrolados, serenos, ecuánimes, disciplinados, colaboradores y serviciales.

Es necesario identificar en las instituciones educativas al personal docente con este perfil para pensar en él como futuro administrador educativo, pues quien tiene estas características es un líder natural a quien debe formarse para la administración; los demás elementos profesionales u ocupacionales son complementarios, pues éstos son los que cambian y sobre los cuales el líder, por naturaleza y motivación endógena, busca perfeccionarse; para nuestro caso cambian los contextos y conceptos de la legislación escolar, el currículo, la pedagogía, la ciencia, la técnica, las ayudas educativas, los métodos, etc., y sobre ellos un buen líder siempre estará capacitándose si desconoce, actualizándose si conoce y perfeccionándose si aplica, analiza, experimenta y crea.

"El líder común habla y convence; el buen líder explica y compromete; el excelente líder demuestra con el testimonio; el líder superior hace todo lo anterior y forma nuevos líderes."

Las instituciones educativas colombianas necesitan con urgencia verdaderos administradores educativos con liderazgo que permitan generar y operacionalizar Proyectos Educativos Institucionales que se conviertan en verdaderas innovaciones educativas y que permitan mejorar la calidad de los procesos educacionales. Luego de leer este capítulo creo que podríamos detectarlos, y si no los hay, ayudar a formarlos.

Autoevaluación del liderazgo en los centros educativos:

Para evaluar el liderazgo que tienen los directivos de un centro educativo (Director, rector, coordinadores, jefes de área) y así poder evaluar el liderazgo que tiene la institución en su contexto podemos responder las siguientes preguntas:

- ¿Los encargados de la administración del centro educativo están capacitados para gerenciar proyectos?

- ¿Los directivos favorecen el crecimiento, la promoción y el desarrollo de los subordinados?

- ¿Los directivos brindan asesoría, consejería y consultoría a sus subordinados?

- ¿Los directivos tienen flexibilidad para asumir los cambios y reciben con agrado las nuevas alternativas de cualificación educativa sin desestabilizarse?

- ¿Los directivos generan espacio para la autonomía en la toma de decisiones, sin centralizar la autoridad y sin frenar la renovación o la innovación?

- ¿Los directivos aprovechan el potencial de los subordinados, reconocen sus valores y los promueven?

- ¿Los directivos renuevan los modelos de relaciones e interacciones en el centro educativo facilitando la comunicación y el trabajo en equipo?

- ¿Los directivos son personas que aprenden continua y permanentemente capacitándose, actualizándose y perfeccionándose?

- ¿Los directivos enriquecen sus niveles de aprendizaje con sus propias experiencias significativas y están pendientes de ampliar sus competencias y mejorar la calidad de sus desempeños?

- ¿Los directivos están permanentemente desarrollando nuevas habilidades y destrezas y buscando nuevos intereses, con expectativas y motivación?

- ¿Los directivos están comprometidos con el centro educativo y con el PEI y aportan conocimientos siendo emancipatorios? Forman parte del problema o forman parte de la solución?

- ¿Los directivos son de buen ánimo, positivos, optimistas, entusiastas, con buen sentido del humor?

- ¿Los directivos creen en sus subordinados y los respetan?

- ¿Los directivos no se desaniman y aceptan las críticas constructivas con tolerancia reconociendo sus debilidades y corrigiendo sus errores?

- ¿Los directivos tienen excelente capacidad de observación y pensamiento proyectivo y predictivo?

- ¿Los directivos piensan en término de prioridades y jerarquías y se desempeñan de forma eficiente, eficaz y efectiva cuando las definen y clasifican?

- ¿Los directivos son autogestionarios, proactivos, protagónicos, comprometidos, laboriosos, productivos, críticos constructivos, ingeniosos, creativos, innovadores?

- ¿Los directivos se interesan en sus subordinados, tienen actitud de escucha, son amistosos, amigables, comprensibles, empáticos?

- ¿Los directivos son los promotores de los cambios y los catalizadores en las crisis que se presentan cuando estos se están dando?

- ¿Los directores trabajan en equipo?

- ¿Los directivos son buenos conciliadores y negociadores y forman parte del proceso creativo de encontrar solución provisional o definitiva a los problemas?

- ¿Los directivos, en su desempeño profesional, en el campo laboral y en su vida personal son éticos, idóneos, responsables, prudentes, discretos, pacientes, sencillos, firmes, constantes, generosos, inteligentes, equilibrados, autocontrolados, serenos, ecuánimes, disciplinados, organizados, colaboradores y serviciales?

Respondiendo a estas preguntas podemos evaluar la calidad de los directivos docentes que tiene el centro educativo y la calidad del liderazgo que estos ejercen en el manejo del recurso humano en la institución y en la forma de orientar el PEI, el currículo, el modelo pedagógico y el estilo educativo particular de la institución.

Respondiendo a estas preguntas podríamos acreditar o desacreditar a los directivos docentes y a los procesos, programas y proyectos que estos lideran y la calidad de su liderazgo.

LOS CRITERIOS PARA EVALUAR A LOS CENTROS EDUCATIVOS DESDE LA PERSPECTIVA DE UNA EDUCACIÓN, UNA ESCUELA Y UNA PEDAGOGÍA TRANSFORMADORA

La escuela transformadora tiene como misión "formar al ser humano, en la madurez de sus procesos, para que construya el conocimiento y transforme su realidad socio-cultural, resolviendo problemas desde la innovación educativa".

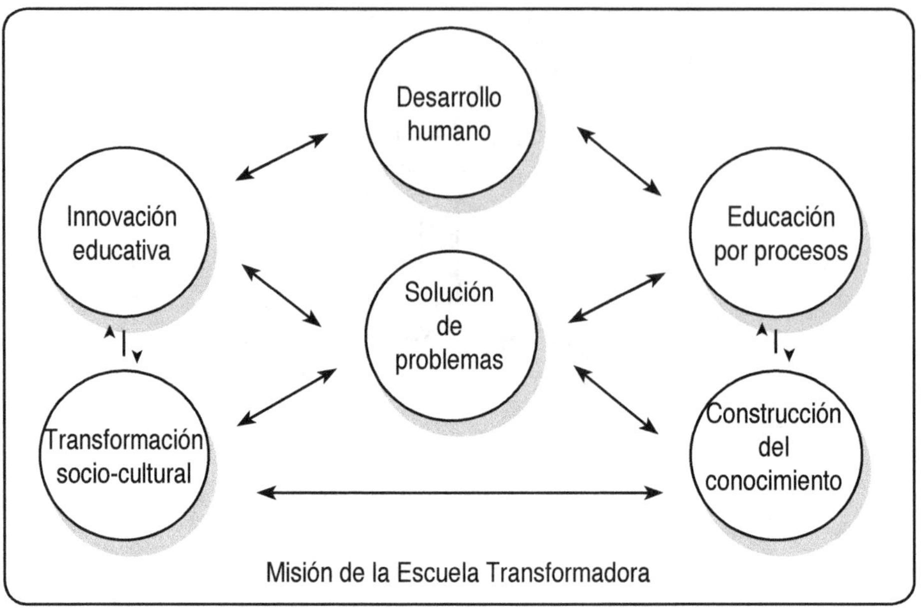

Esta misión le permite relacionar el ser con el saber y el saber hacer y desarrollar la capacidad de sentir, pensar y actuar de quien aprende. Permite relacionar la vocación con la profesión y la ocupación y genera la posibilidad de desarrollar actitudes hacia el aprendizaje, desarrollar procesos de pensamiento y competencias, construir el conocimiento, desarrollar habilidades y destrezas y cualificar los desempeños y aportar nuevos métodos, técnicas y procedimientos. Así se aprende a vivir, a aprender a emprender y a convivir y se generan espacios para cualificar los procesos de formación, investigación, extensión y docencia, tareas actuales de la educación.

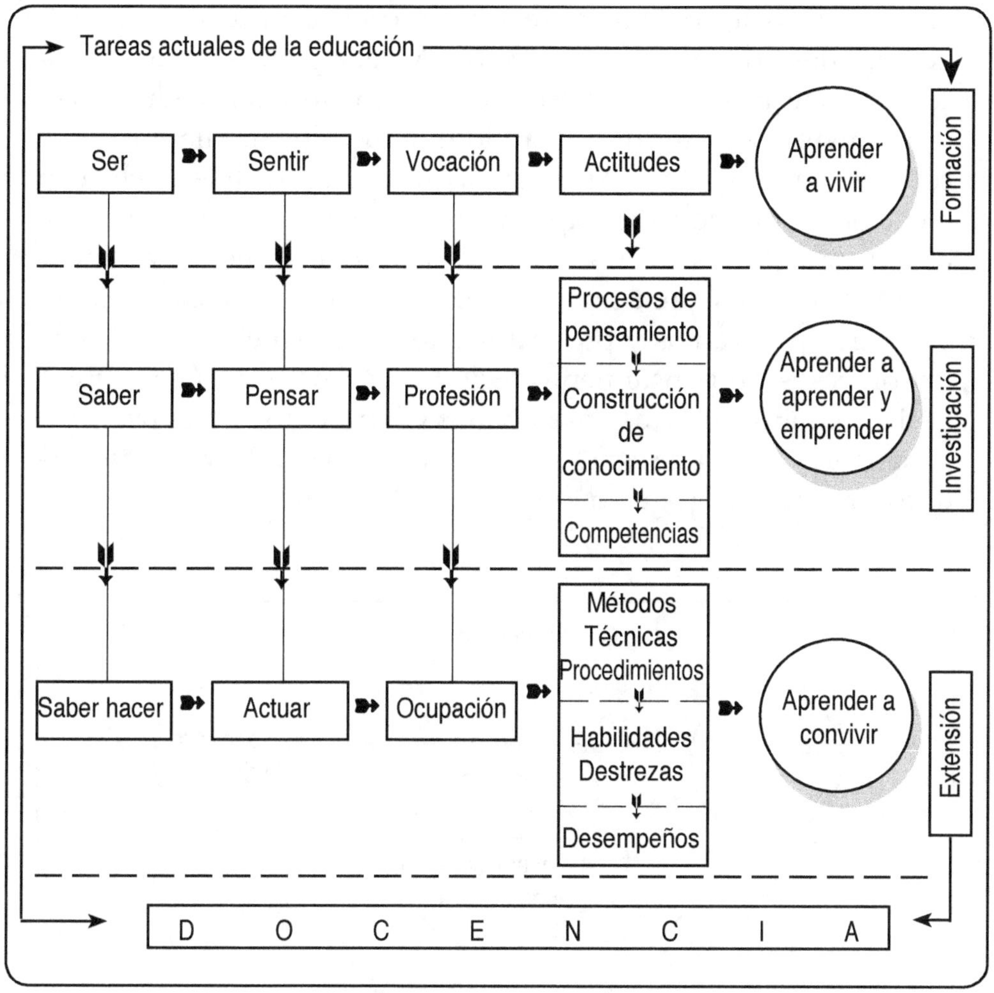

La misión de la escuela transformadora surge de establecer nuevas relaciones y roles a los agentes educativos.

La pedagogía tradicional consideró como agentes educativos al alumno que aprende, al profesor que enseña y a los contenidos programáticos enseñados, bajo la concepción de que educación es el proceso de transmisión de la cultura y que esta transmisión es entendida como la enseñanza de las ciencias, las artes y los oficios, de ahí que el modelo de transmisión de conocimientos se centró en las tareas del profesor: planear, programar, parcelar, enseñar, evaluar y promover.

Hoy sabemos que debemos crear una escuela transformadora que genere nuevas alternativas educativas y pedagógicas. Esto se logra con los maestros que tenemos y con las instituciones educativas que contamos, siempre y cuando el educador mediador no se contente con decir lo que sabe para que el alumno lo escuche con atención, sino que debe explicar lo que el alumno no entienda, proponer métodos activos para que el alumno aprenda haciendo, facilitar procesos que permitan la construcción del conocimiento y generar programas y proyectos que permitan el desarrollo de los procesos de pensamiento y de las competencias cognitivas básicas, cualificando los desempeños y formando líderes transformacionales que den respuestas nuevas a las condiciones nuevas que demanda el progreso, producto del devenir.

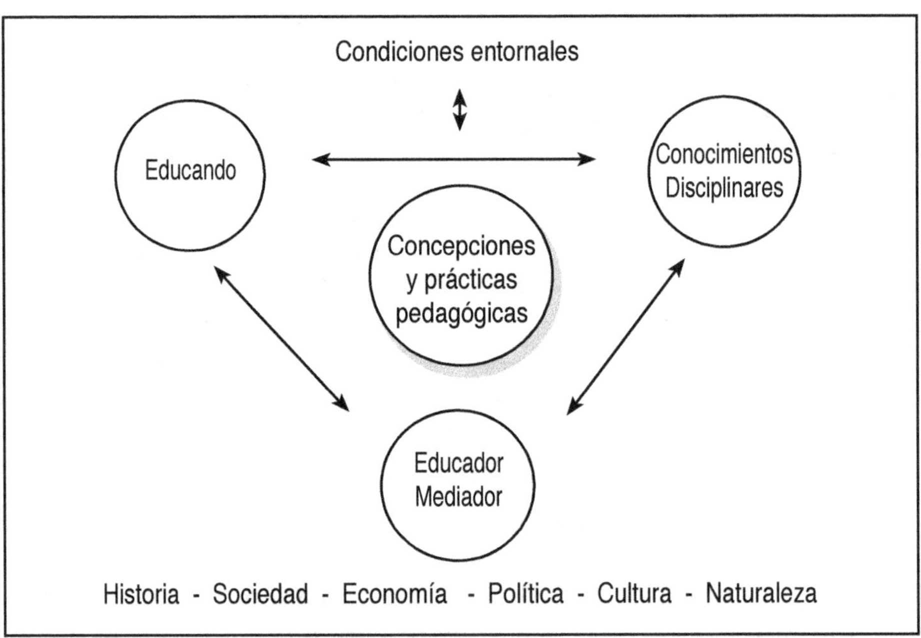

Para abordar esta nueva tarea es de vital importancia replantear los fundamentos educativos, producto de una nueva concepción de educación y de un cambio adecuado de roles en los agentes educativos: el educando como sujeto constructor de aprendizajes significativos, el educador mediador como facilitador del aprendizaje y como promotor del desarrollo humano, lòs objetos de conocimientos disciplinares o estándares mínimos de calidad y contenidos del aprendizaje, las condiciones entornales expresadas en los contextos histórico, social, económico, político, cultural y natural en los que se da la acción educativa y, las concepciones y prácticas pedagógicas que permiten operacionalizar los nuevos roles.

Este cambio de roles demanda actualizar los fundamentos educativos filosóficos, psicológicos, epistemológicos, sociológicos y pedagógicos tradicionales y con ellos responder a las tareas del desarrollo humano, la educación por procesos, la construcción del conocimiento, la transformación socio-cultural y la innovación educativa y pedagógica. La propuesta de escuela transformadora asume este reto proponiendo una misión clara (ya explícita iniciando este capítulo) y un modelo educativo holístico que responde a estas urgencias de formación, que permite operacionalizar la misión y que puede expresarse en las siguientes tareas:

Misión	Tareas	Dimensiones
Educar al hombre en la madurez de sus procesos para que construya el conocimiento y transforme su realidad socio-cultural desde la innovación educativa y pedagógica	Desarrollo Humano (Fundamentos Filosóficos)	Antropológica Axiológica Ético-moral Formativa
	Educación por procesos (Fundamentos Psicológicos)	Bio-psico-social Espiritual Cognitiva Estética
	Construcción del conocimiento (Fundamentos Epistemológicos)	Científica Epistemológica Metodológica Tecnológica
	Transformación Socio-cultural (Fundamentos Sociológicos)	Sociológica Interactiva Ecológica
	Innovación Educativa y Pedagógica (Fundamentos Pedagógicos)	Investigativa Pedagógica Didáctica Curricular Administrativa Evaluativa

Para cumplir la misión propuesta por la escuela transformadora, ésta debe realizar cinco tareas básicas, de forma integral e integradora:

a.   El desarrollo humano
b.   La educación por procesos
c.   La construcción del conocimiento
d.   La transformación socio-cultural
e.   La innovación educativa y pedagógica

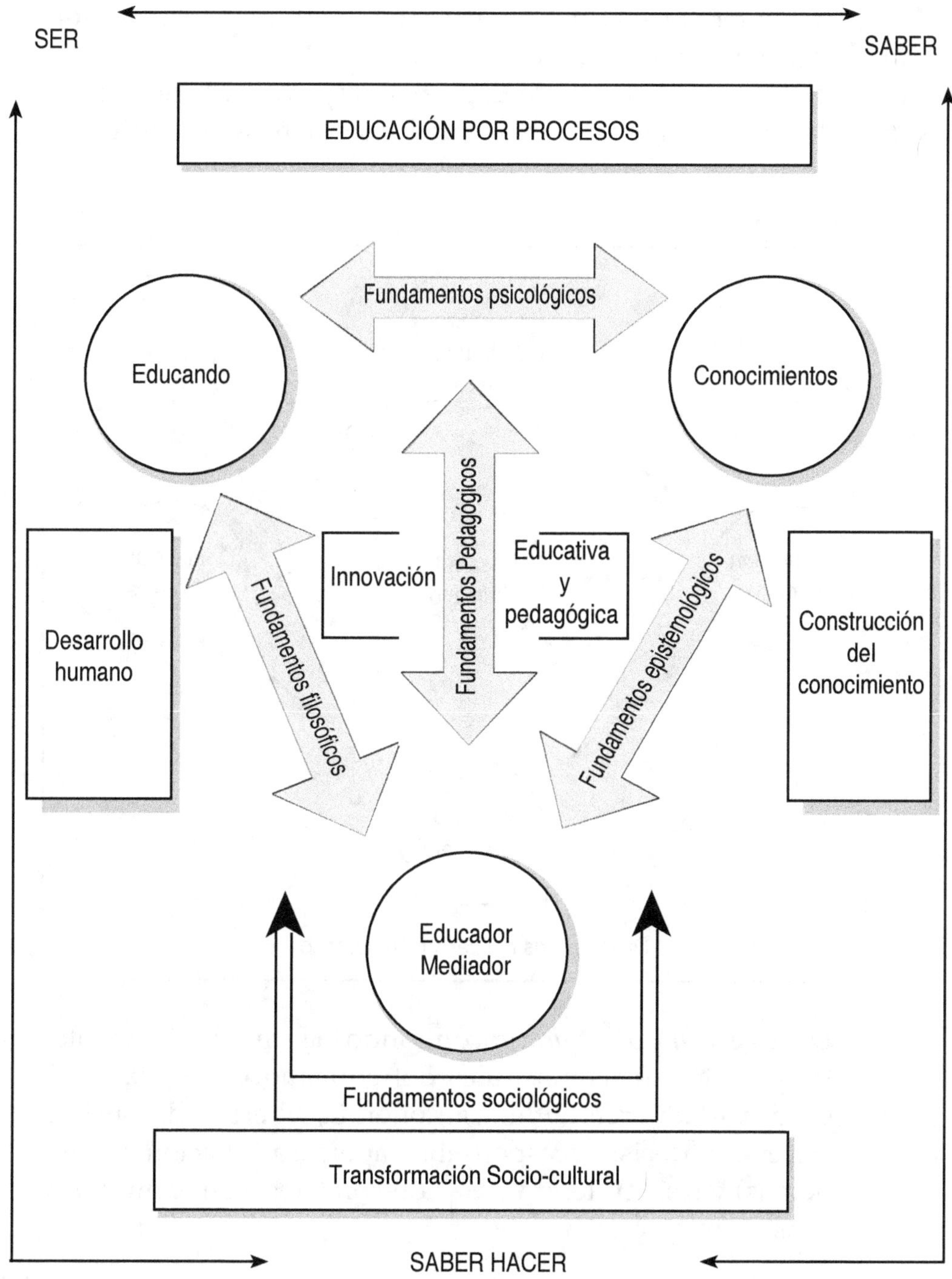

Propuesta de Modelo Educativo Holístico propio de la escuela transformadora

Para responder a la tarea del desarrollo humano, la escuela transformadora debe organizar en su Proyecto Educativo Institucional los espacios, escenarios, programas, procesos y proyectos que respondan a la necesidad del desarrollo de las siguientes dimensiones:

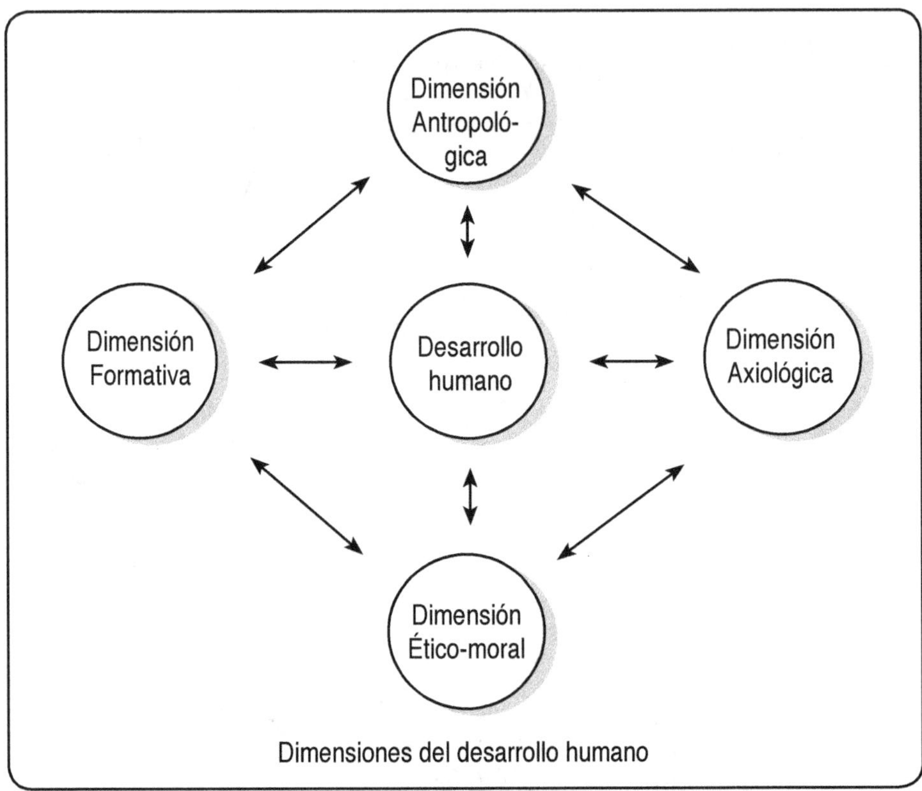

a. *Dimensión antropológica*: encontrando la forma de desarrollar las características naturales del educando: singularidad, originalidad, creatividad, autonomía, libertad de opción, elección y decisión responsable, apertura (relación con los demás) y trascendencia (relación con Dios, con el mundo y consigo mismo).

¿El centro educativo lo hace?

b.   *Dimensión axiológica*: definiendo los principios y valores humanos, cristianos y sociales que deben orientar la formación individual y social del educando.

¿El centro educativo los ha definido?

c.   *Dimensión ético-moral*: creando los espacios, programas y proyectos para educar las actitudes y comportamientos en búsqueda de una cultura ciudadana dentro de unos mínimos de convivencia social.

¿El centro educativo los tiene?

d.   *Dimensión formativa*: diseñando los proyectos transversales para el desarrollo de las dimensiones espiritual, intelectiva, socio-afectiva, psico-motriz y comunicativa que le permita a los educandos desarrollar su ser, su pensar, su sentir, su quehacer y su forma de expresar quiénes son, qué piensan y saben, qué sienten y qué saben hacer.

¿El centro educativo los desarrolla?

Para responder, desde la formación integral, a la tarea de una educación por procesos, la escuela transformadora debe organizar en su Proyecto Educativo Institucional los espacios, escenarios, programas, procesos y proyectos que respondan a la necesidad del desarrollo de las siguientes dimensiones:

a.   *Dimensión bio-psico-social:* Promoviendo, desde los ejes transversales del currículum, el desarrollo biológico de los educandos, cuidando su salud y nutrición y madurez corporal, aportando a la formación del carácter y de la personalidad de los mismos y generando espacios sociales, de integración y compromiso para madurar el desarrollo afectivo y de la inteligencia emocional.

¿El centro educativo lo hace?

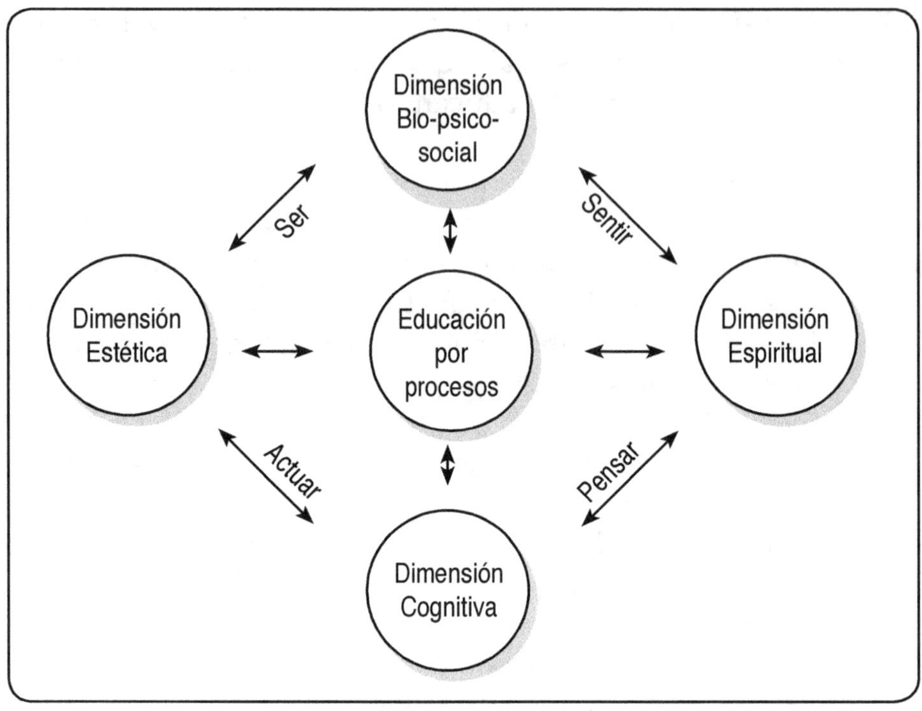

b.   *Dimensión espiritual:* Generando los ambientes y espacios para la reflexión y vivencia de valores espirituales, no necesariamente ligados a la religiosidad.

¿El centro educativo los tiene?

c.   *Dimensión cognitiva:* Proponiendo alternativas pedagógicas y didácticas para desarrollar la estructura mental de los educandos, sus inteligencias múltiples, su capacidad intelectiva, sus procesos de pensamiento, sus funciones cognitivas, sus habilidades mentales y sus competencias interpretativas, argumentativas y propositivas, el ingenio, la creatividad, la capacidad de innovación y de invención.

¿El centro educativo los estructura?

d.   *Dimensión estética:* Generando los procesos y proyectos que eduquen en la buena apreciación y en la buena expresión, de todo carácter y nivel, incluyendo la apreciación y expresión artística, pero enfocado también a la apreciación y valoración de las expresiones humanas cultas: conducta, comportamiento, urbanidad.

¿El centro educativo lo hace?

Para responder a la tarea de la construcción del conocimiento, la escuela transformadora debe organizar desde su Proyecto Educativo Institucional los espacios, escenarios, programas, procesos y proyectos que respondan a la necesidad del desarrollo de las siguientes dimensiones:

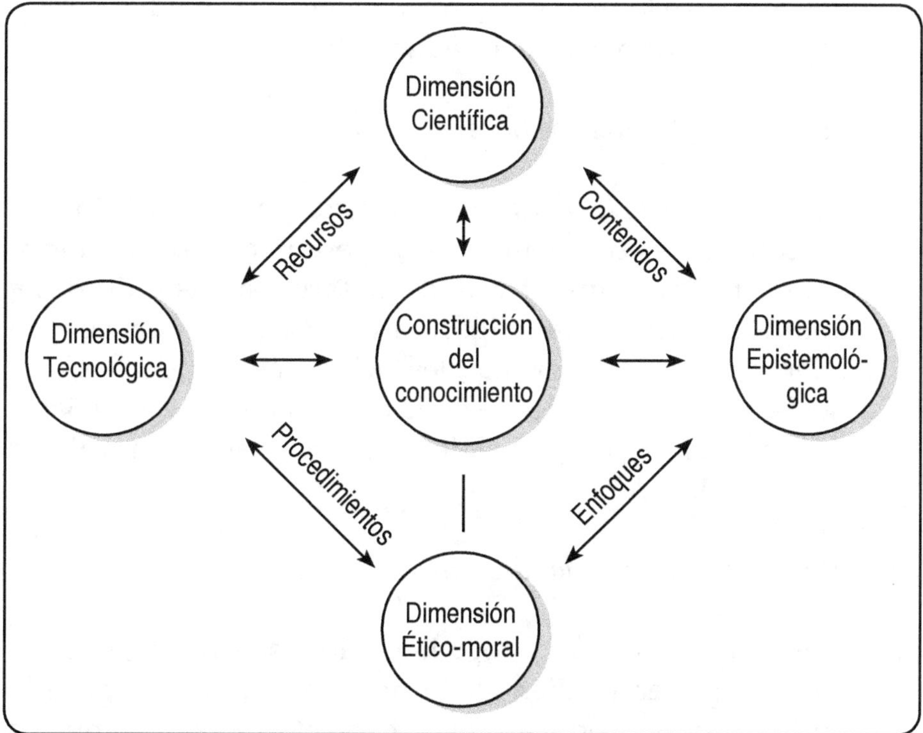

a. *Dimensión científica*: Elaborando los carteles de alcance y secuencia y las estructuras y redes conceptuales de los contenidos de las diferentes áreas del conocimiento que se imparten en la institución, teniendo en cuenta los estándares mínimos de calidad establecidos para cada disciplina del saber y para el manejo de los temas propios de cada una de las asignaturas o núcleos temáticos que componen el plan de estudios, dependiendo de la modalidad institucional y de los énfasis de la misma.

¿El centro educativo los planea, programa, ejecuta y evalúa?

b. *Dimensión epistemológica:* Definiendo los enfoques y paradigmas que fundamentan teóricamente la construcción del conocimiento en cada una de las disciplinas y en la institución en general, para orientar la forma práctica cómo desde la pedagogía, la didáctica y el currículo, pueden apropiarse y construirse los conocimientos mediante aprendizajes significativos por parte de los educandos.

¿El centro educativo los tiene?

c. *Dimensión metodológica:* Proponiendo métodos, técnicas, procesos y procedimientos que le permitan a los educandos adquirir hábitos investigativos, desarrollar sus actitudes y aptitudes hacia la investigación y construcción del conocimiento mediante la misma y les facilite, mediante el desarrollo de habilidades y destrezas investigativas, desempeñarse en la apropiación personal de los conocimientos con validez y confiabilidad.

¿El centro educativo los desarrolla?

d. *Dimensión tecnológica*: Propiciando los espacios y los recursos para poder acceder a la tecnología de punta y aplicarla en los procesos educativos y pedagógicos facilitando la construcción del conocimiento por auto-gestión y de forma autodidacta.

¿El centro educativo los ofrece?

Para responder a la tarea de la transformación social, mediante la resolución de problemas de la comunidad, la escuela transformadora debe organizar desde su Proyecto Educativo Institucional los espacios, escenarios, programas, procesos y proyectos que respondan a la necesidad de transformación de las condiciones socio-culturales de las regiones teniendo en cuenta las siguientes dimensiones:

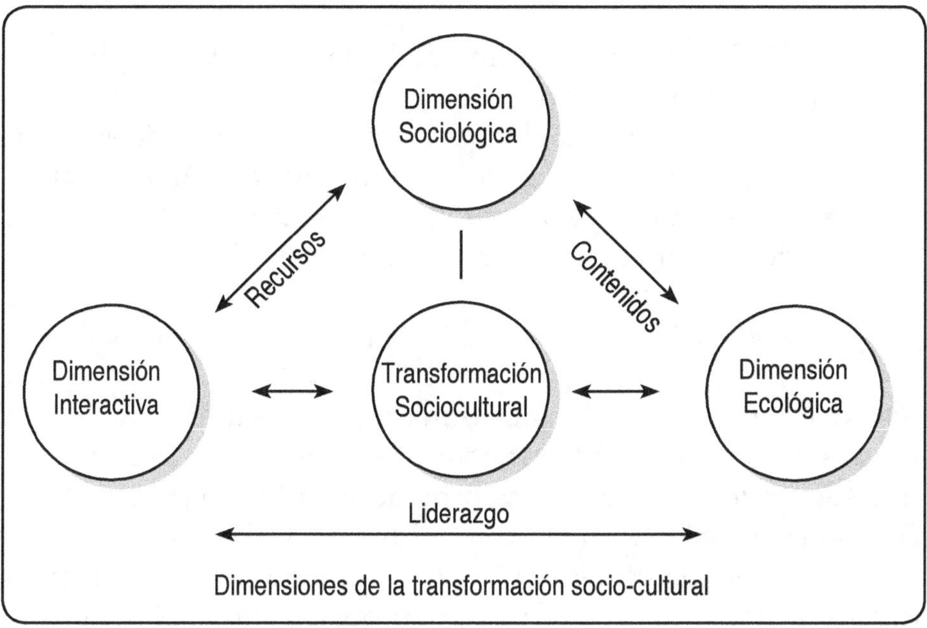

a. *Dimensión sociológica*: Contextualizando el Proyecto Educativo Institucional, sus programas, proyectos, acciones y estrategias en el entorno socio-cultural, respetando las costumbres, tradiciones e idiosincrasia de la comunidad y describiendo, delimitando, definiendo y planteando claramente problemáticas, de todo carácter y nivel, que puedan ser tenidas en cuenta por la institución educativa y a las cuales puede dárseles respuesta desde las condiciones endógenas de la institución, desde su misión y su visión y acorde con sus objetivos sociales y culturales?

    ¿El centro educativo lo hace?

b.   *Dimensión interactiva:* Formando verdaderos líderes transformacionales que no sólo tomen conciencia sobre las necesidades sociales y de las comunidades, sino que las valoren y se comprometan con las poblaciones en conflicto y en desventaja socio-cultural y les propongan alternativas de solución lógicas y viables, ayudando en el progreso de las mismas.

¿El centro educativo los forma?

c.   *Dimensión ecológica:* Formando la conciencia ecológica, valorando y respetando la vida y los recursos renovables y no renovables; pero también, de forma activa, creando ambientes que mejoren la calidad de vida individual y social en las comunidades de las que forman parte: familia, escuela, barrio, localidad, municipio, región, país.

¿El centro educativo los forma y los crea?

Para que se produzca esta transformación socio-cultural, no bastan las tres dimensiones anteriormente planteadas en este aparte; es necesario que la escuela transformadora, antes de proponerse a solucionar problemas de la comunidad, forme claramente a los educandos en las dimensiones anteriormente expresadas en el desarrollo humano, la educación por procesos y la construcción del conocimiento: antropológica, axiológica, ético-moral, formativa, bio-psico-social, espiritual, cognitiva, estética, científica, epistemológica, metodológica y tecnológica. De esta forma, el educando, desarrollado en su ser (valores, actitudes, comportamientos y dimensiones) y que ha adquirido el saber (conocimientos, enfoques, métodos, procedimientos, estrategias y manejo de recursos) entonces, ahora sí, habilitado para plantear problemas, formular hipótesis y proponer estrategias de solución creando ambientes que cualifiquen las comunidades, como líder transformacional, puede comprometerse con la transformación socio-cultural.

Por lo anterior la escuela transformadora forma al ser, desde el saber, para el saber hacer. Desarrolla la capacidad de sentir y pensar, pero para el actuar. Explora y educa la vocación para la profesión, pero para su ejercicio en la ocupación.

La escuela transformadora forma líderes transformacionales que desde su ser, su saber y su saber hacer, se conviertan en personas nuevas que dan respuestas nuevas a las condiciones nuevas del continuo devenir; agentes de cambio, promotores de progreso; pero para poder evaluar su pertinencia es necesario responder a estas preguntas:

Estos líderes

a. *Primero*, ¿se desarrollan como seres humanos en sus principios, valores, actitudes, comportamientos y dimensiones (formación integral)?

b. *Segundo*, ¿maduran en sus dimensiones biológica, psicológica, social, espiritual, cognitiva y estética?

c. *Tercero*, ¿adquieren los conocimientos, los construyen, los aprenden significativamente y los aplican en la realidad entornal? y,

d. *Cuarto*, ¿con esa madurez en el ser y con esas condiciones intelectivas y ese saber (competencias) entonces sí se desempeñan como líderes en el quehacer: la solución de problemas sociales y culturales de su comunidad?

Para que la escuela transformadora desarrolle al ser humano (educando), mediante una educación integral y por procesos, le permita y le facilite la construcción del conocimiento y lo comprometa como líder transformacional, entonces debe organizar desde su Proyecto Educativo Institucional los espacios, escenarios, programas, procesos y proyectos que respondan a la necesidad de hacer innovación educativa y pedagógica teniendo en cuenta las siguientes dimensiones:

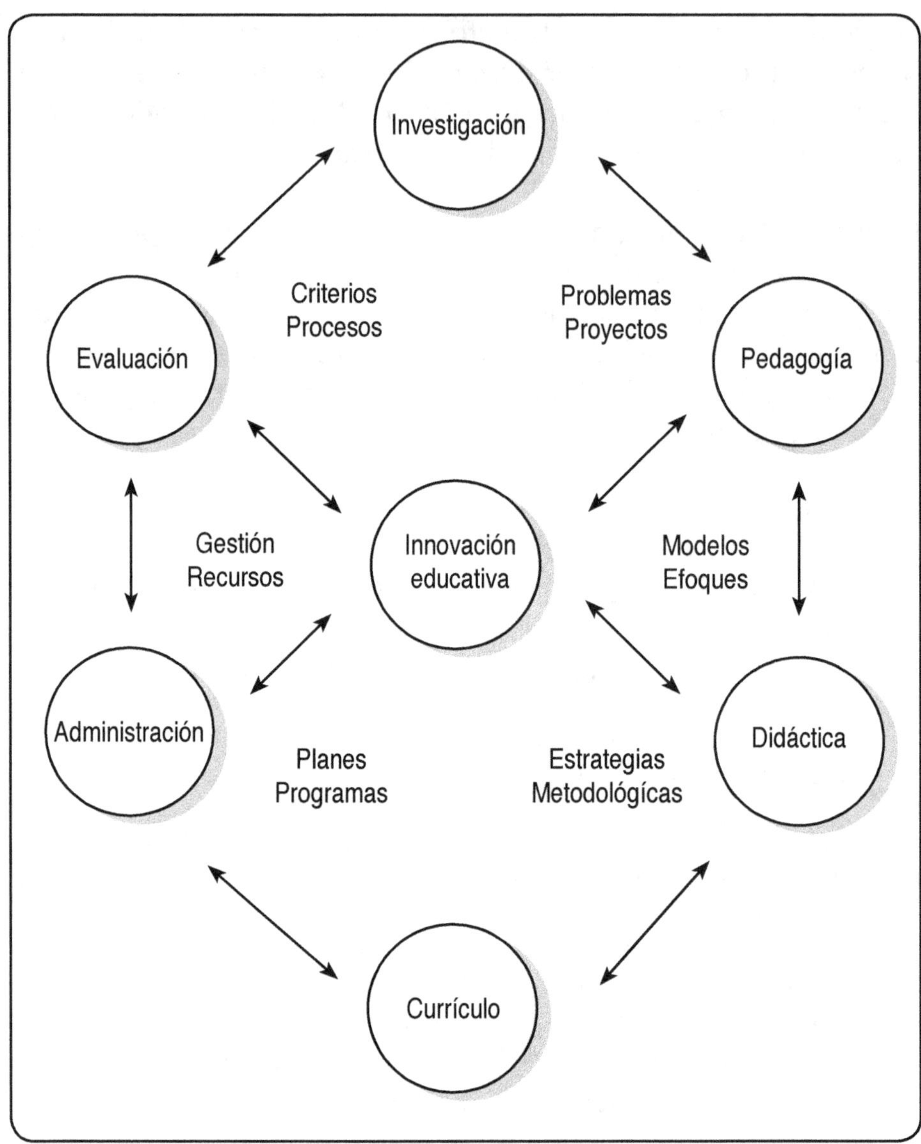

a. *Dimensión investigativa*: Creando las líneas y proyectos de investigación que le permitan a la comunidad educativa describir, delimitar, definir, plantear, formular y caracterizar los problemas a los cuales deben darse solución con la formación integral de los educandos. Para ello debe profundizar sobre los nuevos diseños metodológicos cualitativos- interpretativos de las ciencias sociales aplicados a la educación y apropiados en los contextos problemáticos, de forma pertinente. Entre estos diseños: la investigación acción, la investigación participativa, la investigación-acción-participativa, la investigación-acción-reflexión, la investigación etnográfica, la investigación etnometodológica, la investigación dialógica, la investigación endógena, la investigación experiencial, la investigación naturalística, la investigación formativa, la investigación histórica, la investigación evaluativa, el estudio interpretativo de casos, entre otros.

¿El centro educativo tiene estructurados líneas y proyectos de investigación?

b.   *Dimensión Pedagógica*: Estructurando el modelo pedagógico que inspire la acción educativa al interior de la institución y creando el estilo educativo particular a través del cual se formarán integralmente los educandos, desarrollarán sus dimensiones, construirán el conocimiento y se formarán como líderes transformacionales, de acuerdo con las realidades individuales y sociales de educandos y comunidad.

¿El centro educativo tiene definido su modelo pedagógico y caracterizado su estilo educativo particular?

c.   *Dimensión didáctica:* Investigando sobre las mejores formas de realizar el trabajo en el aula en las distintas áreas del conocimiento, en las diferentes disciplinas y en las diversas asignaturas, teniendo en cuenta en ellas: la generación de expectativas e intereses por parte de quien aprende, la motivación para canalizar la atención hacia el aprendizaje, el desarrollo de las funciones cognitivas y de las habilidades mentales, el desarrollo de los procesos de pensamiento y la capacidad intelectiva, el desarrollo de las inteligencias múltiples y la estructura mental, la preparación de métodos y estrategias para el autoaprendizaje, el diseño de técnicas y procedimientos para la construcción del conocimiento, el desarrollo de hábitos, la cualificación de desempeños, la formación de habilidades y destrezas propias de las áreas, la estructuración de los contenidos de aprendizaje (mapas, esquemas, redes conceptuales, de forma integrada, articulada y correlacionada) y demás factores que influyen endógenamente en el aprendizaje significativo y que deben verse trabajados coherentemente en las unidades didácticas.

¿El centro educativo tiene una propuesta clara de estrategias didácticas con estas características?

d. *Dimensión curricular:* Contextualizando los programas, definiendo los enfoques, formulando los objetivos formativos e instruccionales, caracterizando los perfiles, estructurando el plan de estudios a la luz de los estándares mínimos de calidad, organizando las áreas y las asignaturas con eficiencia, eficacia, efectividad y pertinencia, flexibilizando el currículo, diseñando metodologías, planeando y ejecutando actividades de aula y extra aula, estableciendo los criterios e instrumentos de seguimiento, evaluación y control a toda la gestión curricular, estructurando los ejes transversales del currículo que atienden a la formación más allá que a la información, proponiendo las líneas de investigación y organizando los programas de extensión.

¿El centro educativo tiene estructurados el macro y el microcurrículo?

e. *Dimensión administrativa:* Velando por la pertinencia del Proyecto Educativo Institucional, por la definición de su misión, visión, fines y propósitos, organizando el marco legal institucional y el marco operativo, con los manuales de funciones, los reglamentos, el manual de convivencia y facilitando los recursos humanos, locativos, instrumentales, financieros, de ayudas pedagógicas para el desarrollo normal académico y formativo y estableciendo los contactos con las comunidades escolar, educativa, local, municipal, regional, nacional en las que el proyecto tiene ingerencia y sobre las cuales produce impacto y les genera beneficios y aportes.

¿El centro educativo los tiene?

f.	*Dimensión evaluativa:* Definiendo los criterios, procesos, formas, instrumentos y formatos para recoger información, procesarla, analizarla y divulgarla, a través de la cual se pueda diagnosticar, hacer seguimiento y control a todos los espacios, escenarios, programas, procesos y proyectos estructurados para abordar las distintas tareas y dimensiones de la labor educativa; evaluando desde el Proyecto Educativo Institucional, los proyectos pedagógicos transversales y los proyectos de área, hasta los proyectos de aula, los proyectos de investigación y extensión y los aprendizajes.

¿El centro educativo los tiene definidos?

Autoevaluación del centro educativo desde la prospectiva de una educación, una escuela y una pedagogía transformadora

Para evaluar a los centros educativos desde la perspectiva de una escuela transformadora es necesario responder las siguientes preguntas:

El centro educativo:

a.	¿Desarrolla al educando en sus valores, actitudes, comportamientos y dimensiones a la luz de unos principios humanos, cristianos y sociales, teniendo en cuenta sus características individuales y socio-culturales?

b.	¿Tienen en cuenta, mediante la formación integral, los naturales procesos biológicos, psicológicos, sociológicos, espirituales, intelectivos y estéticos, los respeta y desarrolla, madurando en los educandos su ser, su saber, su pensar, su sentir, su saber hacer, su actuar y su forma de expresar con coherencia quién es, qué sabe, qué siente y qué sabe hacer?

c. ¿Desde la exploración vocacional y la orientación profesional habilita para la ocupación para darle coherencia a la relación ser-saber-saber hacer, expresada en las capacidades de sentir-pensar-actuar con coherencia?

d. ¿Desarrolla la estructura mental de los educandos, sus inteligencias múltiples, sus procesos de pensamiento, su capacidad intelectiva, sus funciones cognitivas, sus habilidades mentales, sus competencias y le cualifica sus desempeños desarrollándoles habilidades y destrezas en el uso y manejo de nuevos métodos, técnicas, procedimientos, instrumentos y tecnologías?

e. ¿Promueve la construcción del conocimiento mediante estrategias pedagógicas y didácticas que facilitan el aprendizaje significativo y que de forma lúdica, activa, constructiva y productiva generan expectativas por el aprendizaje e interesan y motivan al educando por la construcción del conocimiento y la investigación?

f. ¿Desarrolla el ingenio, la creatividad y la capacidad crítica, reflexiva e innovadora en los educandos?

g. ¿Forma líderes transformacionales, contextualizados y con conciencia social, pero autogestionarios, pro-activos, protagónicos, laboriosos, productivos, crítico-constructivos, emancipatorios, participativos, comprometidos con su comunidad y con el progreso personal y social, que forman parte de la solución y no del problema, dinámicos, eficientes, eficaces y efectivos, competentes?

h. ¿Investiga pedagógica, didáctica, curricular, administrativa y evaluativamente cómo formar al educando en las dimensiones anteriores y sistematiza sus experiencias y resultados?

i.	¿Cumple su misión de formar al hombre, en la madurez de sus procesos, para que construya el conocimiento y transforme la realidad socio-cultural con la innovación educativa y pedagógica?

Si las respuestas a estas preguntas son afirmativas, entonces el centro educativo, desde la perspectiva de una educación y pedagogía transformadora, está acreditado.

BIBLIOGRAFÍA

ANDERSON, G. L. *Theories of Behavior and some Curriculum Issues*. Jour. Educ. Psychol., 39, 1948.

APPLE, M. *Ideología y currículum*. Madrid, Akal, 1987.

ARNAZ, José A. *La planeación curricular*. Trillas. México, 1970.

AUSUBEL, D. P. *Psicología de la educación: un punto de vista cognoscitivo*. Trillas, México, 1980.

BAROCIO, Roberto. *La formación docente para la innovación educativa. El caso del currículo con orientación cognoscitiva*. Trillas, México, 1993.

BENNE, K. D. Y Muntyal, B. *Human Relations in Curriculum Change*. Dryden Press, 1951.

BRONFENBRENNER, U. *La ecología del desarrollo humano*. Barcelona. Ed. Paidós, 1987.

BRUNER, J. *El proceso mental del aprendizaje*. Madrid, Narcea. 1978.

CABALLERO P., Piedad. "Las alternativas educativas en las democracias neoliberales en América Latina", en *Revista Actualidad Educativa*. Año 2, No. 6, Bogotá D. C. 1995.

CANDAU, Vera María. "Análisis de la realidad latinoamericana. Esbozos de su problemática educativa", en *Revista Actualidad Educativa*, Año 1, No. 1, Bogotá D. C. 1994.

COLL, C. *Psicología y currículum*. Laia, Barcelona. 1987.

COOMBS, Ph. *La crisis mundial en la educación. Perspectivas actuales*. Santillana, Aula XXI, Madrid. 1984.

CREMIN, L. A. *La transformación de la escuela*. Omeba, Buenos Aires. 1961.

DE BONO, E. *The mecanism of mind*. Penguin Books, London. 1969.

DE JONGE, Inés. "Educación para el desarrollo en los países latinoamericanos", en *Revista Actualidad Educativa*, Año 2, No. 7. Bogotá D. C. 1995.

DÍAZ, Ángel. *Ensayos sobre la problemática curricular*. Trillas, México. 1992.

DURKHEIM, E. *Education and Sociology*, Free Press. 1956.

FAURE, E. *Aprender a ser. La educación del futuro*. Alianza UNESCO, Madrid. 1977.

FEUERSTEIN, R. *Mediated learning experience*. Hadassah - Wiso - Canada Research Institute, Jerusalem. 1986.

GARCÍA, G. J. y Fontán, J. P. *Metamorfosis de la educación. Pedagogía prospectiva*. Edelvives, Zaragoza. 1979.

GIMENO, J. Sacristán *El curriculum: Una reflexión sobre la práctica*. Madrid, Morata. 1991.

GRUNDY, S. *Producto o praxis del Curriculum*. Morata, Madrid. 1991.

HAMMERSLEY, M. *Curriculum practice: Some sociological case studies*. Londres, The Palmer Press. 1983.

HERNÁNDEZ, Daniel, "El currículo: Una construcción permanente", en la *Revista Educación y Cultura*, CEID-FECODE, No. 30. Julio 1993.

IAFRANCESCO V., Giovanni M. "Propuesta de modelo curricular personalizado para operacionalizar la Ley General de Educación colombiana" en *Revista Actualidad Educativa*, Año 2, No. 9-10. Bogotá, 1995.

____________. *La gestión curricular: problemática y perspectivas*. Libros & libres, Bogotá. 1999.

____________. *La investigación en educación y pedagogía: fundamentos y técnicas*. Cooperativa Editorial Magisterio. Bogotá, D.C. 2003.

____________. "El perfil de un administrador educativo líder". *Revista Cultura*, LONACED, año XXXV, No.-203, páginas 27 a 29. Bogotá, Colombia. 2003.

____________. *Nueve problemas de cara a la renovación educativa: Alternativas de solución*, CAD. Editorial Libros & Libres, S. A. Bogotá, D.C. 1996.

____________. "La propuesta de la Escuela Transformadora". *Revista Palabra de Maestro*, No. 39, página 52 a 56, Lima, Perú. 2003.

____________. *Los cambios en la educación: Perspectiva etnometodológica*. Cooperativa Editorial Magisterio. Bogotá, Colombia. 2003.

____________. *Nuevos fundamentos para la transformación curricular*. Cooperativa Editorial Magisterio. Bogotá, Colombia. 2003.

____________. *Currículo y plan de estudios*. Cooperativa Editorial Magisterio. Bogotá, Colombia. 2004.

KEMMIS, S. *El curriculum: Más allá de la teoría de la reproducción*. Morata, Madrid. 1988.

LAUGLO, J. y McLean, M. *The Control of Education*, Londres, Heinemann Educational Book. 1982.

LÓPEZ J., Nelson, *Modernización curricular de las instituciones educativas. Los PEI de cara al siglo XXI.* Centro de Apoyo al Docente, Editorial Libros & Libres S. A., Bogotá, D. C. 1996.

LOUGHLIN, C. y Suina, J. *El ambiente de aprendizaje: diseño y organización.* Morata, Madrid 1987.

LUNDGREN, U. P. *Teoría del currículum y escolarización.* Morata, Madrid. 1992.

MERELLO, A. *Prospectiva. Teoría y práctica.* Guadalupe, Buenos Aires. 1973.

MINC, A. *El desafío del futuro,* Ed. Grijalbo, Barcelona. 1986.

NICKERSON, R. S., Perkins, D., Smith, E. *Enseñar a pensar.* Paidós, Barcelona. 1987.

NOVAK, J. D. "Constructivismo humano: Un consenso emergente", en *Enseñanza de las Ciencias,* 6 (3), 1988.

PIERCE, P. R. *Developing a High School Curriculum,* American Book, 1942.

PRATT, D. *Curriculum. Design and Development.* New York, Harcourt Brace Jovanovich, Inc. 1938.

REID, W. *Thinking about the Curriculum,* Londres. Routledge and Kegan Paul. 1981.

SARRAMONA, J. *Currículum y educación,* Ed. Ceac, Barcelona, 1987.

STENHOUSE, Laurence. *Investigación y desarrollo del currículum,* Morata, Madrid. 1984.

TABA, HILDA, *Elaboración del currículo, teoría y Práctica.* Ed. Troquel, Buenos Aires, Novena Edición. 1991.

TORRES, Jurjo. *El currículum oculto,* Morata, Madrid. 1992.

VYGOTSKY, L. S. *El desarrollo de los procesos psicológicos superiores.* Crítica, Barcelona. 1989.

WITKIN, H. Estilos cognitivos. Morova, Madrid. 1984.

WRIGHT, G. S. *Sociology and School knowledge.* Londres. Methuen. 1985.

El autor

GIOVANNI MARCELLO IAFRANCESCO VILLEGAS

Orientador Familiar del Instituto de Ciencias de la Educación ICE de la Universidad de Navarra, Pamplona, España. Licenciado en educación con especialidad en Biología y Química y Magíster en Docencia Universitaria de la Universidad de La Salle, Colombia. Doctorado en Educación (C) con énfasis en Currículum de Newport University, Newport Beach, California, USA. Especialista en Pedagogía y en Educación Ambiental de la Universidad El Bosque, Colombia. Especialista en Investigación Educativa y Social del Programa Interdisciplinario de Investigación en Educación PIIE de la Universidad Santiago de Chile, Chile. Especialista en Gestión Estratégica y Estructura Organizacional de la Universidad de California, Berkeley, California, USA. Especialista en Gestión Pedagógica y Curricular de la Universidad Santa María La Antigua, Ciudad de Panamá, Panamá. Con cursos de actualización en: Pedagogía para la comprensión en Harvard University, Cambridge, Massachusetts, USA;

Estrategias didácticas para la enseñanza en Saint Mary´s University of Minnessota, Winona, Minessota, USA; Actividades didácticas para el reforzamiento del potencial de aprendizaje en El Instituto Superior San Pio X, Madrid, España.

Autor de los libros: *Proyecto Pedagógico para el preescolar: "Enfoque integral individuo-ambiente"; "Nueve problemas de cara a la renovación educativa: alternativas de solución"; "Aportes a la didáctica constructivista de las ciencias naturales"; "La investigación Pedagógica: una alternativa para el cambio educacional"; "La gestión curricular: problemática y perspectivas"; "Nuevos fundamentos y contextos para el desarrollo educativo y pedagógico"; "Pedagogía ambiental: un camino al desarrollo municipal"; "Aportes pedagógicos al proceso de acreditación de las instituciones educativas"; "La educación integral en preescolar: propuesta pedagógica"; "La investigación educativa y pedagógica: fundamentos y técnicas"; "Los cambios en educación: perspectiva etnometodológica"; "Nuevos fundamentos para la transformación curricular: a propósito de los estándares"; "Currículo y plan de estudios: estructura y planteamiento".*

Autor de más de 110 artículos en educación, pedagogía, didáctica de las ciencias, currículo, evaluación, administración educativa.

Miembro fundador de la Academia Colombiana de Pedagogía y Educación.

Docente-Investigador y director de proyectos de investigación en postgrados de universidades colombianas, entre ellas U. De La Salle, U. Santo Tomás de Aquino, U. del Bosque, U. de San Buenaventura.

Actualmente: Profesor Distinguido de la Universidad de La Salle de Bogotá, Colombia; Consultor de la Organización de Naciones Unidas ONU en el Programa de Naciones Unidas para el Desarrollo PNUD en la transformación integral del sistema educativo de la República de Panamá. Asesor curricular en la Universidad Nacional de Colombia. Autor de la propuesta de Escuela Transformadora para Latinoamérica y director de esta serie en la Editorial Magisterio. Rector del Gimnasio Los Andes.

www.ingramcontent.com/pod-product-compliance
Lightning Source LLC
Chambersburg PA
CBHW081253130726
47998CB00010B/2777